博覧会絵はがきとその時代

高橋千晶
前川志織
［編著］

青弓社

博覧会絵はがきとその時代　目次

はじめに――博覧会と絵はがき　高橋千晶　11

第1章　産業振興と鉄道　大平奈緒子　21

汽車博覧会（一九〇六年〔明治三十九年〕九月―〔巡回〕）　21
電気博覧会（一九一八年〔大正七年〕三月二十日―五月二十日→十日間延長で五月三十日まで）　23
工業博覧会（福岡市）（一九二〇年〔大正九年〕三月二十日から五十日間）　25
電気大博覧会（一九二六年〔大正十五年〕三月二十日―五月三十一日）　27
大礼奉祝交通電気博覧会
（一九二八年〔昭和三年〕十月一日―十一月三十日〔二日間の会期延長があり十二月二日まで〕）　30
昭和産業博覧会（一九二九年〔昭和四年〕三月二十日―五月十三日）　32
上越線全通記念博覧会（長岡市）（一九三一年〔昭和六年〕八月二十一日―九月三十日）　35
第三回化学工業博覧会（一九三一年〔昭和六年〕三月二十日―四月十日）　37
姫津線全通記念・産業振興大博覧会（一九三六年〔昭和十一年〕三月二十六日―五月五日）　39

文士・美術家たちの博覧会　山田俊幸　43

拓殖博覧会(東京)(一九一二年〔大正元年〕) 43
東京大正博覧会(一九一四年〔大正三年〕) 44
家庭博覧会(東京)(一九一五年〔大正四年〕) 46
上越線全通記念博覧会(長岡市)(一九三一年〔昭和六年〕) 46

博覧会と伝統 井並林太郎 47

第2章 対外宣伝と植民地 高橋千晶 51

京城博覧会(一九〇七年〔明治四十年〕八月八日―九月十五日) 51
日英博覧会(一九一〇年〔明治四十三年〕五月十四日―十月二十九日) 53
明治記念拓殖博覧会
(東京、一九一二年〔大正元年〕十月一日―十一月二十九日/大阪、一九一三年四月二十一日―六月十九日) 56
市制十周年記念大連勧業博覧会(一九二五年〔大正十四年〕八月十日―九月十八日) 58
始政二十年記念朝鮮博覧会(一九二九年〔昭和四年〕九月十二日―十月三十一日) 60
日本海海戦二十五周年記念海と空の博覧会(一九三〇年〔昭和五年〕三月二十日―五月三十一日) 62
満州大博覧会(一九三三年〔昭和八年〕七月二十三日―八月三十一日) 64
国防と産業大博覧会(一九三五年〔昭和十年〕三月二十七日―五月十日) 66

東京勧業博覧会（一九〇七年〔明治四十年〕三月二十日―七月三十一日） 88
全国子供博覧会（一九〇八年〔明治四十一年〕十月一日―二十一日） 90
第一回児童博覧会（一九〇九年〔明治四十二年〕四月一日―五月三十一日） 92
東京文化博覧会（一九二五年〔大正十四年〕九月十五日―十月十四日） 94
皇孫御誕生記念こども博覧会（一九二六年〔大正十五年〕一月十三日―二月十四日） 96
皇孫御誕生記念京都こども博覧会（一九二六年〔大正十五年〕七月一日―八月二十日） 98
万国婦人子供博覧会（一九三三年〔昭和八年〕三月十七日―五月十日） 100
日本婚礼進化博覧会（一九三六年〔昭和十一年〕三月二十日―五月十日） 103

博覧会と女性――万国婦人子供博覧会に注目して　石田あゆう 107
女性と消費生活 107
アンビバレントな女性消費者 109

博覧会と美術――「博覧会の美術館」を糸口に　前川志織 111

第4章　建築と都市文化　天内大樹　116
東京大正博覧会（一九一四年〔大正三年〕三月二十日―七月三十一日）　116
平和記念東京博覧会（一九二二年〔大正十一年〕三月十日―七月三十一日）　118
日本建築協会住宅改造博覧会（一九二二年〔大正十一年〕九月二十一日―十一月二十六日）　120
大大阪記念博覧会（一九二五年〔大正十四年〕三月十五日―四月三十日）　121
御大礼記念国産振興東京博覧会（一九二八年〔昭和三年〕三月二十四日―五月二十二日）　123
大礼記念京都博覧会（一九二八年〔昭和三年〕九月二十日―十二月五日）　124
復興記念横浜大博覧会（一九三五年〔昭和十年〕三月二十六日―五月二十四日）　126
名古屋汎太平洋平和博覧会（一九三七年〔昭和十二年〕三月十五日―五月三十一日）　127
博覧会とデザイン――絵はがきデザインから見る博覧会　大平奈緒子　130
博覧会と建築　天内大樹　135
第5章　観光と地域振興　熊倉一紗　138

全国産業博覧会（一九二六年〔大正十五年〕四月一日—五月十日）138
全国産業博覧会（一九二七年〔昭和二年〕九月十一日—十月二十日）140
東亜勧業博覧会（一九二七年〔昭和二年〕三月二十五日—五月二十三日）142
大日本勧業博覧会（一九二八年〔昭和三年〕三月二十日—五月十八日）144
東北産業博覧会（一九二八年〔昭和三年〕四月十五日—六月三日）146
産業と観光の大博覧会（一九三二年〔昭和七年〕四月十二日—六月五日）147
伊賀文化産業城落成記念・全国博覧会（一九三五年〔昭和十年〕十月十二日—十一月十日）149
新興熊本大博覧会（一九三五年〔昭和十年〕三月二十五日—五月十三日）151
国産振興四日市大博覧会（一九三六年〔昭和十一年〕三月二十五日—五月十三日）154
国際温泉観光大博覧会（一九三七年〔昭和十二年〕三月二十五日—五月十三日）156
北海道大博覧会（一九三七年〔昭和十二年〕七月七日—八月三十一日）158
博覧会と観光　千住一　160
博覧会と広告　熊倉一紗　163
昭和戦前博覧会年表　安田政彦　169

装丁――Malpu Design［清水良洋］

はじめに――博覧会と絵はがき

高橋千晶

ここに一枚の写真絵はがきがある（絵はがき1）。日英博覧会（一九一〇年〔明治四十三年〕）の会場を撮影したもので、石膏彫刻で過剰に装飾された「三十八号館園芸倶楽部」と、その前の通路を行き交う英国紳士・淑女の着飾った姿が写し出されている。この写真絵はがきは、百年以上前のロンドン郊外シェファーズ・ブッシュで開催された日英博のにぎわいをいまに伝えている。左に写る瀟洒な小館は「絵葉書売店」である。売店窓口にいる男性は何かを書き込むような仕草をしていて、あたかも購入したばかりの絵はがきに通信文をしたためているように見える。その絵はがきには、おそらく博覧会を象徴する図案や場内の光景、展示品を写した写真が用いられていたことだろう。この男性のように、博覧会観覧のみやげ物として絵はがきを購入し、その場でメッセージを書き込み、家族や知人に宛てて送ることは、印刷や郵便の制度が確立・普及した近代社会ではきわめて日常的な振る舞いとして周囲の情景に溶け込んでいる。もちろん、当時ヨーロッパ各地に広がっていた絵はがき蒐集の流行に鑑みれば、購入した絵はがきを使用することなく、個人的な趣味の対象として蒐集し、大切に保管した人もいたことだろう。いずれにしても、博覧会という特別な場から生み出される絵はがきをやりとりしたり蒐集したりする行為は、博覧会の祝祭性とその情報を時間的・空間的隔たりを超えて伝えようとする絵はがきというメディアとの緊密な結び付き

絵はがき1　日英博覧会「三拾八号館園芸倶楽部并絵葉書売店」

絵はがき2　産業と観光の大博覧会本館横に「ヌハガキ」売店が写る

によって支えられている。

片手にひらりと納まる軽い小片ながら、絵はがきは、博覧会という、日常とは異なるイベントの記念品として、またその出来事の特殊性を伝えるメディアとして、多彩な役割を担って博覧会を盛り上げた立役者であった。ここでは序論として、近代的イベントとして明治以降の日本に定着した博覧会と、日露戦争（一九〇四年〔明治三十七年〕—〇五年〔明治三十八年〕）後に爆発的ブームとなった絵はがきとがどのように結び付き、どのような相互作用を起こしていたのかを、いくつかの博覧会絵はがきを手掛かりに探ってみよう。

日英博の写真絵はがきに記録されたような絵はがき専門の販売所は、「博覧会の時代」と呼ばれた十九世紀後半から二十世紀にかけて、国内外を問わず博覧会会場でしばしば目にする光景であった（絵はがき2）。金沢市で開催された産業と観光の大博覧会（一九三二年〔昭和七年〕）の写真絵はがきにも、第一会場本館入り口横に「ヌハガキ」の看板を掲げた売店が写り込んでいる。幾何学的な意匠の中央塔が目を引く本館と奇抜な装飾のライオン歯磨特設館の間にひっそりと埋もれるかのような簡易販売所ではあるが、この写真絵はがきには当時の博覧会絵はがきの流通の一端が記録されている。

博覧会会場には一時的に郵便局が設営されたり、会場内の一角に郵便函が設置されたりすることもあった。東京勧業博覧会（一九〇七年〔明治四十年〕）では、会場に二つの郵便局と八つの郵便函が設置された。会場で購入した絵はがきをそこに投函する人の姿もおそらくあっただろう。閉会後一カ月延長して業務にあたった会場内の郵便局が、会期中と合わせて約百六十日間に引き受けたはがきの枚数は、「通常葉書」十万六千九十六枚と「私製葉書」四万三千九百十九枚と報告されている（東京府編『東京勧業博覧会事務報告』下、東京府、一九〇九年）。その総数は十五万枚に及ぶが、これは会場内郵便局での通常郵便引き受け数（二十三万七千百六十九）の約三分の二を占めており、博覧会での絵はがき人気を裏づける結果といえるだろう。

　ところで、東京勧業博覧会では、主催の東京府が郵便局の日付印として記念スタンプの使用を希望したものの、「遺憾」ながら逓信省に承諾されなかったと事務報告に記されている。数年後に開催された東京大正博覧会（一九一四年〔大正三年〕）では、「特殊紀念日附印」の使用が認められ、会場内の第一・第二郵便局で絵はがきへの「紀念消印」の需要は大いに高まったという（絵はがき3）。五カ月にわたる会期中の「特殊紀念日附印」の押捺数は実に二十万七千百五十九に達し、その成果は「空前の好成績」と伝えられた（東京府編『東京大正博覧会事務報告』下、東京府、一九一六年）。

絵はがき3　「特殊紀念日附印」が押された東京大正博覧会「開会式」

　「紀念スタンプ」の流行については、視聴覚文化研究者の細馬宏通が「趣味と戦争――絵はがき蒐集と紀念スタンプ」（「アジア遊学」第百十一号、勉誠出版）で詳しく論じている。細馬によると、日露戦争の終結後に「紀念スタンプ熱は最高潮」を迎えることになるが、その後も紀念スタンプは蒐集の対象となっていたようだ。絵はがきという個人の所有物にすぎないものに公と交わる印が押されることによって、蒐集の欲望はより喚起されたという。博覧会会場でだけ押される「紀念日附印」もまた、博覧会への参加を「公式に」保証するものだろう。「紀念日附印」が押された絵はがきは、博覧会というイベントの一回性を強く印象づけ、その希少性ゆえに蒐集の対象としてより一層求められたにちがいない。

絵はがき4　大日本勧業博覧会会場付近の略図

博覧会絵はがきは博覧会観覧のみやげ物として広く求められる一方で、博覧会の宣伝媒体としても大いに活躍した。絵はがき研究者の生田誠は、絵はがきを主題によって三十八種類に分類し、その一つに「博覧会絵葉書」を挙げている（生田誠編著『日本絵葉書カタログ 2005』里文出版、二〇〇四年）。生田は、博覧会絵はがきを「最も効果的な宣伝材料であり、最も消費された土産物であった」と説明するが、「宣伝材料」と「土産物」という二つの役割のどちらをも担える存在であったことは、博覧会絵はがきの特質の一つだろう。

ともあれ、昭和に入ると、「博覧会誌」や「博覧会事務報告」に記載される「宣伝振作」の項目にも「宣伝絵葉書」という文言が頻繁に登場するようになる。しかし一般的には、広告宣伝の花形として、多くの人はポスターを思い浮かべるのではないだろうか。博覧会の報告書でも宣伝ポスターについては詳細な解説が記されているし、ポスター図案の懸賞をかけて話題を提供するなど、博覧会を宣伝するうえでポスターへの期待はやはり高かったようだ。そこに絵はがきが併用された背景には、同時代の絵はがき蒐集ブームの過熱とともにコミュニケーションツールとしてのメディアの特性が関係している。

岡山市主催の大日本勧業博覧会（一九二八年（昭和三年））では、開催の一年前から宣伝ポスターの準備に着手し、ポスターの懸賞図案を募ったのち、入選作二点を三万枚印刷して各所に配布した。ポスター配布と並行して進められたのが、絵はがきによる宣伝である。主催の岡山市は「知己縁故の関係を通じて分部的に《（ママ）》」宣伝する必要を認め、開催のおよそ半年前に、会場への交通手段を略図や鳥瞰図で示した二枚一組の絵はがき十万セットと

（絵はがき4）、ポスター図案を縮刷した一枚物の絵はがきを十万枚印刷して配布したほか、年末には年賀状シーズンを見越して一枚物の年賀はがき十万枚を印刷し、岡山市内の会社や商店、銀行、旅館に配布して宣伝に努めた。さらに、開会式での配布用に三枚一組十万セットを印刷し、合計四十万セットの絵はがきを宣伝に費やしたことになる（岡山市勧業課編『岡山市主催大日本勧業博覧会誌』岡山市勧業課、一九二九年）。

この事例を見るかぎり、とりあえず数において絵はがきによる宣伝は圧倒的だったといっていい。大日本勧業博覧会の絵はがきによる宣伝手法は、実際のところ同時代の多くの博覧会が共通して用いた定石だったようだ。開催前に大量に絵はがきを配布することに加えて、本書のコラム「博覧会と広告」でも言及されているように、「謹賀新年」や「賀正」の文字を挿入した年賀はがき（絵はがき5）や、時期によっては暑中見舞い用の絵はがきを用意することもあった。開会式での記念絵はがきの配布も、多くの博覧会が儀礼的なもてなしとして実施していた。絵はがきへのポスターの縮刷も常套手段になっていたが、ユニークな例として、産業と観光の大博覧会の

絵はがき5　復興記念横浜大博覧会　年賀絵はがき

絵はがき6　産業と観光の大博覧会宣伝ポスターのコラージュ

絵はがきがある（絵はがき6）。博覧会宣伝用の各種各様四枚のポスターを大胆にコラージュしたこの絵はがきからは、博覧会をポスターという副次的な産物を通して多面的に報告しようとする機転が感じられるとともに、複製メディアとしての絵はがきの属性を自らさらけ出している点にも興味がそそられる。

　このように見てくると、宣伝媒体としての絵はがきの柔軟性の高さに気づかされる。それがポスターと絵はがきの違いであり、博覧会の宣伝活動で絵はがきが重宝された理由でもあるだろう。宣伝ポスターの多くは公的な空間で「散漫」に享受されるのに対し、絵はがきは私的な空間に入り込み、個人の所有物として独特の存在感を発揮しながら、その宣伝効果を緩やかに浸透させていく。絵はがきの所有者が、主催者のもくろみどおり、宣伝絵はがきを「知人縁故」に宛てて郵送したならば、私的なネットワークを通じてその情報は拡散し、所有者のコミュニティー内で確実にシェアされていく。パーソナルメディアとしての絵はがきは、親密さをまといながら、私たちの日常生活にそっと寄り添ってくるのである。

　博覧会の絵はがきは、宣伝媒体や記念品として開催前に準備されるもののほか、先に見た日英博覧会の絵はがきのように開催中の会場の様子をとらえたものもある。例えば、東京大正博覧会では、観客でにぎわう場内を撮影したコロタイプ印刷の写真絵はがきが多く残されている。網点のない滑らかな諧調による精巧な複製が可能なコロタイプは、美術品や文化財の複製技術として重宝されていたが、写真絵はがきの印刷でも頻繁に活用された印刷技術である。こうした複製技術に支えられて、写真絵はがきは、博覧会の実情を臨場感をもって報告する役割も担った。写真にはしばしば観客の姿が写り込む。大正博の写真絵はがきには、人物座像や浮き彫り彫刻、横に位置する女神像によって麗々しく装飾された正門の外観とともに、自転車をひく子どもや日傘をさす女性など老若男女が闊歩する会場の様子をとらえた一枚がある（絵はがき7）。思い思いに歩を進める観客たちの姿を無造作に写した写真には、その場に居合わせたような現実感が伴う。そこには、会期中のある「瞬間」が確かに記録されているのである。

このような写真絵はがきを、都市文化研究者の橋爪紳也は「速報写真」という言葉で説明した（『絵はがき100年――近代日本のビジュアル・メディア』〔朝日選書〕、朝日新聞社、二〇〇六年）。開催期間が限られた博覧会というイ

絵はがき7　東京大正博覧会第一会場正門付近の観客

絵はがき8　平和記念東京博覧会「摂政宮殿下平博行啓」

ベントで、写真絵はがきはニュースとして価値がある出来事をすみやかに報じる格好のメディアだった。平和記念東京博覧会（一九二二年〔大正十一年〕）には、摂政宮殿下（後の昭和天皇）行啓の場面を写した絵はがきがある（絵はがき8）。鮮やかな彩色が施された写真には、正装して颯爽と歩む摂政宮の姿が写されていて、当時の新聞・雑誌が掲載した「時事写真」と同じように、特別な行事への貴賓の来場というニュースを伝えている。摂政宮の行啓という出来事が国家的事業として博覧会を位置づけるとともに、前年に就任したばかりの摂政宮の姿をとらえた写真は、人々の関心をひときわ引き付けたにちがいない。

一方、博覧会の運営側にとっても、観客でにぎわう会場の様子や特別な行事や式典を伝える写真は、博覧会の活況を示すがゆえに歓迎すべきものだったはずである。大正博では、博覧会事務局によって「会場光景撮影許可證」が発行されているが、その交付数は百九十八にのぼったという。写真撮影が博覧会の運営で考慮すべき事項の一つになっていたことがうかがえる。

みやげ物、蒐集の対象、通信の手段、宣伝媒体、速報写真……、博覧会絵はがきが見せる顔は、実に多様である。博覧会絵はがきの醍醐味は、博覧会のイメージを多様なかたちで視覚化するところにある。一つの博覧会が、複数の絵はがきのなかでまったく異なる顔を見せることもある。国防と娯楽、近代と伝統、国際性と地域性など、同じ博覧会を扱いながらも、個々の絵はがきが指し示すイメージは、かけ離れたものになることさえある。これは博覧会自体が多種多様なテーマを冠したパビリオンを抱え、重層的な性格をもつことに起因するが、博覧会絵はがきの多様性は、祝祭の場としての博覧会の性格を拡張し、博覧会がもたらす非日常の世界の演出にひとかたならず貢献していたのである。

最後に、本書の構成について簡単に述べておきたい。本書は、日本絵葉書会会長・山田俊幸氏の膨大な絵はがきコレクションのなかから、戦前の博覧会絵はがきに焦点を合わせて構成した。本書掲載の図版は、特に断りがないかぎり、すべて山田氏所蔵の絵はがきを使用している。

「山田俊幸博覧会絵はがきコレクション」は、明治末の汽車博覧会（一九〇六年〔明治三十九年〕）の絵はがきが最も古く、北海道大博覧会（一九三七年〔昭和十二年〕七―八月開催）の絵はがきが戦前最後のものとして蒐集されている。山田コレクションの博覧会絵はがきの時代は三十年に及び、その期間に開催された五十六の博覧会を伝える絵はがきの総数は五百点を超えている。そのなかには、先述の東京大正博覧会や大大阪記念博覧会（一九二五年〔大正十四年〕）など、都市部で開催された著名な博覧会だけではなく、新興熊本大博覧会（一九三五年〔昭和十年〕）や朝鮮博覧会（一九二九年〔昭和四年〕）のように、地方や植民地で開催されたものもある。地理的な広範さだけではなく、各博覧会が掲げたテーマも多岐にわたっている。いくつか例を挙げれば、電気博覧会（一九一八年〔大正七年〕）、万国婦人子供博覧会（一九三三年〔昭和八年〕）、国防と産業大博覧会（一九三五年〔昭和十年〕）、国際温泉観光大博覧会（一九三七年〔昭和十二年〕）など、近代日本の政治・産業・文化・教育にわたる様々な領域が、博覧会という近代的イベントのなかで可視化されようとしていたことがわかる。

本書では、こうした多種多様な博覧会を紹介する絵はがきを「産業振興と鉄道」「対外宣伝と植民地」「家庭と消費文化」「建築と都市文化」「観光と地域振興」という近代を特徴づける五つのテーマに分類し、絵はがきを通して博覧会という装置を読み解くことを試みた。博覧会を五つに分類する際に大いに悩まされたのは、テーマの重複である。博覧会そのものが近代化を称揚する場であるがゆえに、近代の指標となる「産業館」「観光館」「国防館」「植民地館」などはもはや博覧会の標準装備だった。各府県の特設館とともに企業館も林立したことに加え、地方開催の博覧会ではその地域ゆかりの特設館が立ち並び、それら雑多なパビリオンの競演のなかで、博覧会のテーマが埋没するように見えることもあった。極端ではあるが、先に挙げた五つのテーマすべては、戦前の博覧会が多少の差こそあれ内包するものだったともいえる。最終的な判断は博覧会の名称と絵はがきコレクションの内容を手掛かりにしているが、なかには分類したテーマと実際がずれる博覧会もあるかもしれない。それもまた博覧会の特質の一つであり、博覧会絵はがきを見る愉しみとして受け入れてもらいたい。

五つのテーマに分類した博覧会解説の間には、十のキーワード――文学、伝統、写真、戦争、女性、美術、デザイン、建築、観光、広告――から博覧会を語るコラムを挿入し、巻末には、戦前の昭和に開催された博覧会に絞って詳細な年表を掲載している。本書の出発点には、「博覧会」と「絵はがき」という研究テーマを社会学、観光学、文学、芸術学などの複数の研究領域を横断しながら語ってみたいという思いがあった。幸運にも、各分野に精通する研究者の執筆協力を得ることができ、本書は実現した。学際的研究というには遠く及ばないにしても、博覧会絵はがきというメディアを立体的にとらえることはできたと思う。本書が博覧会や絵はがきの学際的研究への布石となれば幸いである。

第1章　産業振興と鉄道

大平奈緒子

博覧会は、産業社会の発展を促す場として成立したものである性質上、産業振興と鉄道とは切り離すことができない深い関係がある。博覧会の名にはしばしば「産業」「工業」「化学」「電気」「交通」「汽車」といった言葉が冠され、その成果を大いに人々に伝えようとしている。本章では一九〇六年（明治三十九年）に開催された汽車博覧会から三六年（昭和十一年）の姫津線全通記念・産業振興大博覧会まで、九回の博覧会を取り上げ、その内容を見ていく。

汽車博覧会〔一九〇六年〔明治三十九年〕九月―〔巡回〕〕

汽車博覧会は大阪時事新報社が主催し、東北・信越、また北陸、中央各線を走る汽車を使って開催された博覧会である。日露戦争後の各産業の発展、地方に住む人々の便宜、また陸上交通機関の利用方法を周知させるために計画されたという。期間の詳細や入場者数は不明だが、「東京朝日新聞」（一九〇六年九月十二日付）の広告によると、日本鉄道のボギー客車三両、事務用客車一両、倉庫用貨車一両の五両を借り受け、座席を取り去り、そこに物品を展示するための陳列棚を設けたとある。出品者は、大日本麦酒、鰐淵紡績、明治屋、森永商店、三越呉服店、白木屋呉服店などである。京都、大阪、神戸、東北、信越、北陸地方、中央各線を巡り、主要の駅で一日ずつ停車し、車載の展示品を即売したようだ。その後に東日本方面で停車する予定の駅には大宮、宇都宮、日光、福島、山形、秋田、青森、花巻、仙台、水戸、栃木、前橋、熊谷などが挙げられている。この記事から、九月十二日時点ですでに関西では挙行されていたこと、九月十五日から関東、東北への巡行が始まることがわかる。本格的な博覧会ではないが、汽車で各地を回り、展示品を即売するという新しい試みだった。

車両は木製の床で、下駄の足音がほかの観客の迷惑になっていたらしく、会場には「靴または草履のお用いの

絵はがき1　汽車博覧会

絵はがき2　汽車博覧会

事」と注意書きがあり、下駄履きの来場者はそれを脱ぎ、風呂敷に包んで観覧したようである。

絵はがき1には雲龍の絵を下敷きにした龍と渦が描かれ、その絵に写真が組み合わされている。こうした絵と写真の併用は当時よく見られたデザインである。絵はがきの左下には四角で囲まれた「S.W」のサインがあり、絵の部分は洋画家で「時事新報」の社員だった渡部審也（一八七五―一九五〇）によるものであることがわかる。龍と渦は、鉄道の速力をイメージしているのだろうか。絵はがき1を見ると、会場には万国旗が掲げられ、幟がたち、華やかな雰囲気である。絵はがき2は「十一月十二日長野駅開催」から始まる文章も添えられている。発信人の記述では「本日汽車博覧会がまいりました」とある。写真の様子を見ると、人が並び、にぎわっている様子が伝わる。

電気博覧会（一九一八年〔大正七年〕三月二十日―五月二十日→十日間延長で五月三十日まで）

電気博覧会は日本電気協会主催で、東京の上野公園と不忍池畔で開催された。入場者数は百十四万六千三百六十九人。欧米列強の産業の発展に追いつこうと、電気事業の興隆、また社会一般への電気知識の普及を目的としていた。一九一四年（大正三年）の東京大正博覧会まで同協会機械部のなかの一部にすぎなかった電気部が、その四年後に電気について単独で博覧会を開くようになったのである。この点だけ見ても、電気への急激な需要が見て取れるだろう。

第一会場は上野公園、第二会場は不忍池畔である。電気を使った実験的な玩具、運動機械を展示した電気余興館をはじめ、電灯、活動写真、電磁石の応用、家庭と電気の利用を示すための客室や居間、化粧室、また台所などを設けて、実際に電気家具を備え、使用法を見せたという実物説明館などがあった。農業に関わる電気機械を応用したものなども陳列され、電信・電話や電車、発電機、無線電話といった、最新の発明も網羅していた。第一会場と第二会場の間、約八百坪（約二千六百四十五平方メートル）の土地には山が作られ、高さ三、四十尺（九メートルから十二メートル）まで水を揚げて水力発電所の模型なども展示されていた。会場では花電車が運転され、夜にはイルミネーションが建物を飾り、五色の電光を放ったという。電気時代の到来を告げるような、文字どおり「明るい」博覧会であり、人々は大いに関心を示したことだろう。入場者数は百万人を超えたほか、会期も延長されるなど好評だったことがわかる。

入場料は、大人二十銭、軍人や子どもは十銭だった。開場時間は午前八時から午後五時で、四月十日から五月二十日の間は午後五時から午後九時と夜間にも開かれていた。一九一八年（大正七年）五月九日付の「読売新聞」によると、当初は五月二十日までの予定が十日間会期を延長して五月三十日までになったと伝えており、ま

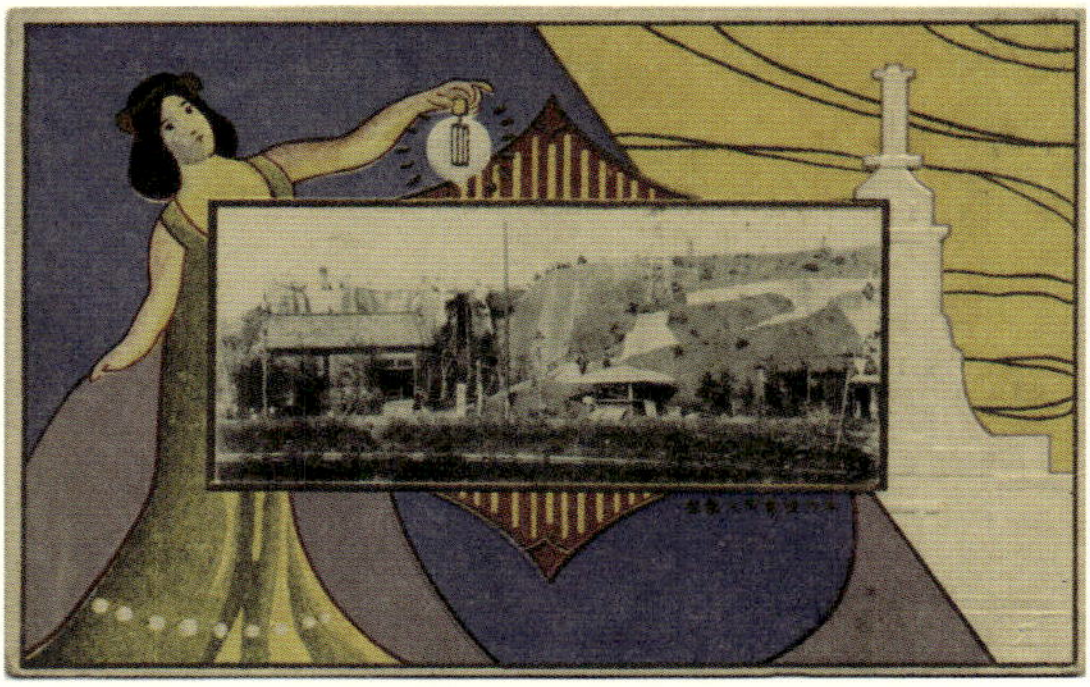

絵はがき3　電気博覧会　水力発電所大模型

絵はがき4　電気博覧会　正門

た四月十五日の時点で、入場者数は九十五万九千六百人にのぼったという。

電気博覧会のために作られた絵はがきには、会場の写真が使われている。主な建物は一九〇七年（明治四十年）の東京勧業博覧会の際に建てられたもののようだが、正門は博覧会開催にあたって新たに建てられたと思われる。図柄は電線や鉄塔が目立つが、絵はがき3の女神のような女性像はアールヌーボーの様式などでもたびたび見られるものであり、ランプのかわりに電球を持たせることで、この電気博覧会を象徴しているのだろう。右にはエンボスで加工された正門が描かれ、空には電線をイメージしたような線が描かれている。絵はがき4には電線と鉄塔、また呼び物だった発電所の模型が描かれている。絵はがき5では「夜光エラヂウム」（夜光ラジウムのことか）を使い、暗いところで見ると、描かれた光線が光るような仕掛けになっている。電気と光がどれだけこの時代に求められたかが、この仕掛けからもわかる。これは四枚一組で、それぞれがパノラマのようにつながるようになっているうちの一枚である。

絵はがき5　電気博覧会

工業博覧会（福岡市）（一九二〇年〔大正九年〕三月二十日から五十日間）

この博覧会についてはわからない部分が多い。九州電気協会と化学工業協会主催、筑豊石炭鉱業組合、九州機械工業会後援のもと、工業の発展進歩を図り、九州の事業を全国に紹介するために開催されたものである。入場者数は不明。

一九一九年（大正八年）七月二十一日付の「東京朝日新聞」によると、工業博覧会の総裁は枢密院副議長で四年後に第二十三代内閣総理大臣となる清浦奎吾とある。副総裁は貴族院勅撰議員の内田嘉吉と、機械工学

絵はがき6　工業博覧会（福岡）　第一会場の演舞館、機械館

絵はがき7　工業博覧会（福岡）　左は台湾館

者であり九州帝国大学総長の眞野文二であった。工業博覧会の会長には炭鉱経営で財をなした実業家の安川敬一郎、副会長は元特許局長で弁護士の中松盛雄、ならびに福岡市の路面電車を経営していた福博電気軌道（このときは九州電燈鉄道と名を変えていた）の設立に関わった松永安左衛門である。松永はこの二年後に関西電気と合併して東邦電力を設立し、副社長にもなった。日本の電力事業を立ち上げに尽力した人物で、後に「電力王」と呼ばれることになる。松永はまた「耳庵」の号で知られる数寄茶人でもある。電気業界の錚々たる人物たちによって、この博覧会は運営されたのだった。

予算は二十万円で、加えて東京の化学工業博覧会からも賛助を受けることが決まっていた。電気協会が主催というのは、光の時代が新しく開かれていくことを象徴しているようである。松永が後に「電力王」と呼ばれるように、この博覧会ではすでに、その後巨大化していく電力網が背景にあることが想像できる。後援は筑豊石炭鉱業組合と九州機械工業会だが、この博覧会に石炭鉱業組合が名を連ねていることから、工業を動かすほどの材料を提供する石炭業が当時いかに九州で有力な地位を占めていたのかがうかがえる。

絵はがき6・7を見ると、会場には機械館や演舞館、シンボリックな塔がデザインされていて、東京などで開催されていた大きな博覧会とその規模、内容はほとんど変わらないように見える。別の絵はがきにはイルミネーションで彩られた夜の会場風景の写真（絵はがき8）が使われているが、それも同様である。こうした絵はがきからは日本各地、どこでも同じような博覧会を開催することができるという国力を発信しようとしているようにも感じられる。また、この博覧会の絵はがきの製作は博多大崎周水堂で、現在も博多で画材店として営業する傍ら、博多の街並みの絵はがきも発行している老舗として知られることも付け加えておこう。

絵はがき8　工業博覧会（福岡）　ライトアップされた第一会場

電気大博覧会（一九二六年〔大正十五年〕三月二十日―五月三十一日）

この電気大博覧会は電気協会関西支部が主催したもので、第一会場は大阪・港区八幡町。大阪市電築港線と安治川線の間にある西大阪市の新埋め立て地約六万坪（約二十ヘクタール）を開催場所としていた。会場は運河や道路によって四つの区域に分けられ、本館地帯、外国館地帯、遊園地帯、余興地帯となっている（絵はがき9）。本館地帯には実験館や交通館、農事電化園、家庭電化館があり、外国地帯には台湾朝鮮館などが置かれていた。

絵はがき9　電気大博覧会第一会場全景

遊園地帯は以前から安治川遊園地として開放されていたもので、迎賓館や動物舎が配された。余興地帯には人間製造館やサーカス園、三百尺（約九十メートル）の高さの昇降機付きの展望高塔もあった。塔の上には屋外余興館があり、そこからは淡路島や瀬戸内海を望むことができたという。一九一八年（大正七年）の上野の電気博覧会と同じく、水力発電所の模型を展示するための小山も作られ、三十尺（約九メートル）ほどのこの山の模型には自由に登ることもできた。この山には「子ども列車」と名付けられた列車が走り、アルプス山脈の模型のなかを通るトンネルには、ハワイやニューヨーク、ロンドン、アフリカといった世界漫遊のパノラマの風景が展開されていた。水力発電の模型のなかのトンネルは「お伽の国」と名付けられ、かぐや姫や桃太郎などの人形が動くなど、工夫が凝らされていた。第二会場は天王寺公園で、八千五百四十坪（約二・八ヘクタール）の大きさがあり、すでにそこに建てられていた勧業館を本館とし、高さ二丈（約六・六メートル）の荘厳な正門が建設された。会場内の陳列館をはじめとする建築物は、当時京都帝国大学教授だった武田五一による設計で、寄棟式の褐色の屋根とクリーム色の外壁が特徴的なスパニッシュ・ミッション様式が日本で初めて用いられたという。また、絵はがき10を見ると、新しい建築デザインが現れてきていることがわかる。特に目を引くのは、郵便局の造形である。郵便局の上部は電気や稲光を象徴しているような装飾がなされ、当時ドイツ圏で流行していた表現主義風デザインを思わせる。

入場料は大人五十銭、子ども（五歳以上十二歳未満）は十五銭だった。観覧時間は午前九時から午後五時で、四月三日から五月三十一日は夜間にも開かれ、参考館と実験館を除いて夜十時まで開場されていた。水晶塔（絵はがき11）は五色で演出され、各館は投光照明でライトアップされていた。夜間割引がなかったために夜間だけ

絵はがき10　電気大博覧会　上右＝奏楽堂、上左＝協賛館、下右＝郵便局、下左＝屋外余興場

絵はがき11　電気大博覧会の水晶塔

という入場者は比較的少なかったが、昼間入場してそのまま残り、夜間の光景を観覧する人も多く、六時以降の退場者は総入場者数二百九十万三百六十二人の三割だったという。

「東京朝日新聞」（一九二六年三月二十一日付）の記事によると、第二会場では正面入り口に建てられた朝日新聞社の「朝日航空館」が呼び物となっていて、ヨーロッパを訪れた飛行機・初風の前は身動きができないほどだったという。初風とは、一九二五年（大正十四年）七月に日本を出発した飛行機で、九十五日間かけてシベリア経由でローマへ旅した。これは朝日新聞社による航空事業の一環だったが、国家的事業といえるほどの規模で、国民の期待を大きく集めていた。ライト兄弟の初飛行（一九〇三年十二月十七日）からわずか二十二年、まだ飛行機というものの性能、またその信頼性も低い時代に、シベリアを横断しヨーロッパを巡るという前人未到の大計画は、まさに新しい時代と日本の技術進歩を象徴するものだっただろう。「大」の文字が付いたこの博覧会は、一八年（大正七年）に東京で開催された電気博覧会を意識し、「大大阪」と同様の発想に基づいているのは明白である。

大礼奉祝交通電気博覧会（一九二八年〔昭和三年〕十月一日―十一月三十日〔二日間の会期延長があり十二月二日まで〕）

天皇正式即位の奉祝と、大阪市電軌道の二十五周年、また電灯経営五周年を記念して大阪市主催で開催されたこの博覧会は、一般大衆の交通電気に関する知識の向上も期待してのものだったという。博覧会の趣旨は「動く博覧会」「光る博覧会」というもので、動くものは動かし、光るものは光らせるというように動力と照明を大いに活用していた。この趣旨からうかがえるように見た目にも華やかな博覧会で、開会式では新しい空の時代を象徴するかのように、大阪朝日新聞社や大阪毎日新聞社の飛行機が飛び、五色の祝福ビラが撒かれた。

第一会場は、電気大博覧会でも使われていた天王寺公園の勧業館が本館で、池の周りの電車も電気博覧会と同様に運転された。勧業館には陸の交通館、照明館、電熱館、発電館などが置かれたが、大阪市が目指す理想の路面交通模型や夜景の模型、「電気住宅」と呼ばれる電気機器などが備えられた住宅が展示されるなど、今後の大阪の発展を強く意図した展示がおこなわれた。勧業館に隣接する発電館と電力館は鉄骨で建てられた。また、世界の風景がパノラマで作られた世界一周館と電気廉売館が木造で建てられた。第二会場となる大阪市民博物館内では、大礼参考館が明治天皇聖蹟御物や王冠威儀御物などの大礼関係の御物や絵画、写真などを陳列した。

ほかの展示についても見てみよう。まず、無線館はラジオについての展示をしていたが、世界各国の放送局の位置が地球儀の上に表されるなど、ラジオが世界とつながる手段と認識されていたことがうかがえる。電気衛生館では、健康相談所があるほか、交通や電気に関わる活動写真を上映した。

第三会場は茶臼山の住友邸址で、このなかの庭園・慶澤園は一般には初めての公開だった。農業に関わる電気関係の出品物が陳列され、菊の花を観賞、また売買ができる陳列場もあったという。入場料は、大人三十銭、子ども（六歳以上十二歳未満）は十五銭だった。この博覧会は人気を博し、会期延長を望む声もあったが、延長は会場の関係で二日だけとなった。総入場者数は百万八百七十二人。

絵はがき12　大礼奉祝交通電気博覧会　第一会場本館と第三会場の慶澤園

絵はがき13　大礼奉祝交通電気博覧会　大極殿即位式と八十島祭の模型

絵はがき14　大礼奉祝交通電気博覧会の記念絵はがきセットが入っていた袋

絵はがき13では、第二会場の大礼参考館で展示されていたと思われる大極殿即位式模型と、八十島祭模型の写真が使われている。八十島祭とは、大嘗祭の後に大阪・難波に使者を遣わし、御代の安泰と発展を祈った祭りである。そもそもこの博覧会は「大礼奉祝」という天皇家を祝う目的のものだが、ここには関東大震災で壊滅した東京にかわり、関西（大阪・京都）と天皇を再び結び付けたいという歴史的な意味を込めた思いもあったかもしれない。また、絵はがきの背景には菊と二葉葵、雲の絵が描かれている。記念絵はがきのセットが入っていた袋は、天皇家の永久を祈っての鳳凰と、四天王寺と初代通天閣と思われる建物や塔のシルエットが描かれている。

昭和産業博覧会（一九二九年〔昭和四年〕三月二十日―五月十三日）

昭和産業博覧会は、一九二九年（昭和四年）という帝都復興の年、軍港呉に近い広島市で開催された広島市主催の博覧会で、管見のかぎり「昭和」という言葉を使った博覧会としては、二七年（昭和二年）に京都で開催された昭和夏季博覧会に次いで二つ目のものである。『広島市主催昭和産業博覧会協賛会誌』（昭和産業博覧会協賛会編、昭和産業博覧会協賛会、一九三〇年）には「昭和新政の伸展を讃迎し殖産興業の振作興隆を図り併せて大広島内容充実の実現に向かう躍進の首途を祝福するため」とあり、新時代の興隆を図るものとして計画された。ここでも大大阪同様、「大（グラントリ）」が用いられているのに注意したい。

第一会場には西練兵場と、それに隣接する陸軍用地が使われた。広島城に近い、太田川沿いの五万坪（約十六・五ヘクタール）の土地で、機械館、化学工業館などが設けられた。代表的な展示を見ていくことにする。まず、日本全国、さらに満州やハワイなど各地の代表的な貿易品や貿易に関する諸統計を陳列した貿易館は、この博覧会で初めて設置されたものだという。また、呼び物の一つだった参考館には大阪毎日新聞社によって人造人間が出品され、生きる人間のような動きが人々を驚かせたという。最も力を入れたのは演芸館で、広島の芸妓を集め、常磐津や長唄などが様々に披露された。この演芸館は有料だったが、近くに無料で観覧できる野外劇場を設け、曾我廼家祐成の喜劇や、高田久子による美人手踊り、奇術などが上演された。比治山公園の第二会場には陸軍館があり、日露戦勝のイメージとしての乃木希典将軍などの遺物が展示された。第三会場の向宇品（宇品港西側の元宇品の西海岸）には海軍参考館と水族館が建てられた。海軍参考館は六階建てで、外観を軍艦に模して作られていた。ここでは海軍に関するものを展示した。水族館は魚介類百数十種を集め、普段見られない種も多く、この博覧会で最も人気を博していたという。博覧会の総入場者数は九十八万六千百七十九人だった。

絵はがき15　昭和産業博覧会第一会場の郷土館

夜間開場は四月二十九日から開始され、午後七時から十時まで開かれた。第一会場では、ピアノやバイオリン、三味線などの楽器を使って時代劇や現代劇が上演された。また、毎晩数十種の仕掛け花火が打ち上げられたという。それに先駆け、四月二十八日には、大阪時事新報社主催による第四回全国煙火競技大会が第一会場で開催されるなど、夜間の催しも豪華なものになっていた。

しかし、新時代の興隆を図ると謳ってはいるものの、絵はがきにある会場写真を見るかぎり、塔や噴水、農園などがあり、電気大博覧会を踏襲しているような建物と、イルミネーションを実施するなど、あまり目新しい点は見受けられない。演芸館で演じた芸妓たちは全員が広島の芸妓であり、例えば絵はがきに写っている販売店には、呉で作られている日本酒・千福があるように、広島市に根ざした、地域おこしとしての面もある催しであったことがうかがえる。

その一方で、ポスターには新しい時代のイメージが込められているといえるだろう。上部には松明《たいまつ》を持った手

絵はがき16　昭和産業博覧会第一会場のイルミネーション

絵はがき17　昭和産業博覧会のポスター

があり、世界を照らす象徴として描かれたと考えられる。その周辺には教養や名声といった意味を示すペガサス、神社の鳥居と寺院の堂宇、その下には日の丸を想起させる円が描かれている。描かれた建築物は近代的で、それに強い光が当てられている構図になっている。左には飛行船ツェッペリン号（ちょうどこの年に茨城県へ来ることになる。ポスターの時点では到着はしていないが、話題になっていたと思われる）、右下にはT型フォードが描かれている。昭和という新たな時代への意志が見て取れる、新時代の幕開けにふさわしいポスターといえる。広島という地方の産業開発と財界難局のこの時代に、顕著な効果をもたらしたものだといえるだろう。

上越線全通記念博覧会（長岡市）（一九三一年〔昭和六年〕八月二十一日―九月三十日）

上越線全通記念博覧会とは、上越線が高崎と長岡市の宮内を結んだことを記念して開催された長岡市主催の博覧会である。開通が北部日本の産業文化に多大な恩恵をもたらすものであろうことを予想して、また、新線利用のはじまりとして企画された。

上越線の開通により、関東と新潟が直接結ばれることになった。それまで日本海側で裏日本とも揶揄されていた新潟は、関東方面よりも関西方面とのつながりが強かったのだが、これによって東京ともつながるようになったのである。上野―新潟間では、下り三時間五十分、上り四時間五分が短縮され、それまでより約半分の時間で行き来することが可能になった。また、上野―秋田間は、奥羽線回りの急行に比べて二時間の短縮になったという。さらに中継地である高崎には商業都市としての期待が高まるという、非常に大きな交通革命であった。新聞では米や清酒、十日町織物などの名物、商工業や銀行の紹介、スキーや温泉といったレジャーが紹介されるなど、新潟への期待がここに見て取れる。なお、「上越」線というものの上越地方を走るのではなく、「上州」と「越後」を結ぶため、「上越」と名付けられたことは記しておきたい。

入場料は大人二十五銭、子ども十銭で、午後五時から十時の夜間開場の時間は、大人十銭、子ども五銭と金額

絵はがき18　上越線全通記念博覧会　悠久山蒼紫神社と長生橋

が異なっている。出展などで参加した地域は一道三府四十一県五植民地の計七十団体である。会場は、長岡駅と長生橋に近い、信濃川沿いの中島地域約二万五千坪（約八・二ヘクタール）の土地を利用し、機械館や農林館、健康館、演芸館などほかの博覧会でよく見られる建物に加え、上越線全通を記念する鉄道館が設置された。ここには、上越線の模型や長岡から東京までの大パノラマ模型が設置され、信越線と上越線のミニチュアが実際の時刻表に従って走っていた。また、鉄道の歴史的な写真や展望車のジオラマ、松川トンネルの実物大の模型などが観覧者の目を喜ばせていたという。本館の屋上には電光ニュースが設置され、その日の入場者数や明日の天気、東京や長岡にある店の宣伝などが流されたという。長岡では初めての、珍しい試みだった。

各地の名産品などは本館に陳列されたが、それとは別に、新潟県と長岡市はそれぞれの建物で出展しており、長岡出品館は、スパニッシュ・スタイルと東洋的な美しさを融合させた建築で、ブロンズで作られた唐草模様の装飾が屋根や屋上、塔などに施されていた。いわゆるエンターテインメントにも力を入れていて、第一会場の東京三越営業部製作によるマヂックアイランド館はエジプト風の人物が立ち並ぶような演出を施すなど、凝った仕掛けの不思議な建物だった。漫画館などもあり、これはほかの博覧会には見られない趣向で、大正時代後半から各地で活躍した東京漫画会のメンバーの水島爾保布や前川千帆らが、上越の温泉や市街をユーモラスに描いたものが展示された。このほか、寺泊町には第二会場として水族館が設置された。博覧会の総入場者数は六十二万六千九百八十三人だった。

長岡の花火は当時から有名だったが、この会期中、九月十五日に大がかりな花火が打ち上げられ、会期中最高の入場者数になったという。絵はがきの写真は、信濃川にかかる長生橋と長岡にある悠久山蒼紫神社で、背景には博覧会風景の上に花火と桜、紅葉が描かれている（絵はがき18）。

第三回化学工業博覧会（一九三一年〔昭和六年〕三月二十日―四月十日）

第三回化学工業博覧会は、上野公園と不忍池畔で開催された化学工業協会主催の博覧会である。「面白く為になる」をテーマに、国内外の優れた化学工業品を収集・展示して、化学工業界の研鑽、国内産業の振興、また実物を展示することによって一般大衆への啓蒙を通じての産業の興隆と経済の振興、そして発明・考察の奨励を目的に開催された。これは、一九一七年（大正六年）九月二十日からの第一回、一二六年（大正十五年）三月十九日からの第二回に続く、三回目の開催で、開催自体は第二回の会期中に決まったが、昭和恐慌による経済不況で実施は難しいかと思われていた。しかし、このような時勢にあるときこそ人心を鼓舞し、経済界の不況を打開しなければという意志のもと、六週間という短期間で夜間の開場もなかったものの開催されることになった。

絵はがき19　第3回化学工業博覧会会場の正門

出品は、工業薬品、化学薬品、医薬などから、窯業品、漆器といった器類、そして化粧品や食品などまで多岐にわたっている。イギリスやドイツ、アメリカなどからも出品されたが、ソビエト連邦の特設館があったのは時節柄だろう。入場料は大人五十銭、軍人・子どもは二十五銭だった。有料入場者数は十一万五千五百七十八人、特別招待または優待入場者数は十三万四千三百三十一人だった。そのほか、学生招待入場者数は五十六万人あまり

絵はがき20　第3回化学工業博覧会の演芸館

絵はがき21　第3回化学工業博覧会会場

で、二十日間という短期ながらも全部で八十万人以上もの入場者があった。

演芸館に掲げられた看板には「高田舞踊団」と書かれているが、これは浅草オペラで活躍した高田せい子による一団である（絵はがき20）。高田は日本舞踏史を語るうえで欠かすことができない新興芸術を牽引した人物の一人である。このときの演目は、クロード・ドビュッシーやイグナツィ・ヤン・パデレフスキーなどの曲を使ったレビューだった。建物はアールデコ風だが、その幾何学的形態には一九一〇年代から二〇年代にロシア（旧ソ連）で主流となった構成主義の影響も見て取れる。この時代の博覧会の建物は、すぐに壊せるような木の張りぼてかプレハブのような作りであることが多く、建設にあたっては海外の写真を見て、見よう見まねでこのような斬新な建物を作っていたと考えられる。帝都復興の後の、外国の新しい文化潮流を取り入れる動き、また新興美術運動と連動していたとみることもできるだろう。

絵はがきに写る会場内の広告を見ると、サッポロビールやユニオンビール、明治ミルクチョコレート、味の素などがあるが、これは、新しい時代の飲み物や食べ物がこの博覧会を表象しているといえる（絵はがき21）。「朝日新聞」に掲載されたこの博覧会の広告は、味の素、香水のオリヂナル、御園の粉白粉、美容液のレートクリームなど、女性向けのものが目立つ。「読売新聞」（一九三一年三月二十日付）の広告には、「面白くためになる博覧会」とあり、「合理化せる現代化学の大殿堂　優良国産品の展開　真理の実現せる知識の大宝庫」「斬新の意匠…三十一年型デザイン　絢爛眼を射る偉観　特設館の壮麗…二十有余館」とある。この広告の中心にシルエットで描かれた塔はアールデコ風である。開会に先駆けて、三月六日付の「読売新聞」には、「博覧会接待嬢募集」の広告がある。これはいまでいうコンパニオンのことだろう。彼女たちの仕事は、陳列開場で観覧者に対して簡単な説明をすることだったという。募集文句には「高女卒業若くは之れと同等の学力ある容姿端麗、雄弁なる独身婦人たること！」とある。女性がコンパニオンとして雇われたのは一九〇三年（明治三十六年）の第五回内国勧業博覧会からだが、経済不況の時代で、ますます女性の華やかさや柔らかさが求められたのだろうか。

姫津線全通記念・産業振興大博覧会（一九三六年〔昭和十一年〕三月二十六日－五月五日）

姫津線全通記念・産業振興大博覧会は、兵庫県姫路駅と岡山県津山駅を結ぶ鉄道が全通したことを記念して津山市が主催となって開催された。それまで、姫路駅から兵庫県南西部の佐用駅まで、岡山県内を横断する新見駅から美作江見駅間の路線が通っていたが、兵庫の佐用駅と岡山の美作江見駅をつなぐ線路が開通したのである。これによって岡山県内陸部は、阪神の中心都市と直結することになった。姫津線の開通は、文化・産業・経済に大きな利益をもたらすものと、津山市の一大躍進が期待されての記念博覧会だった。また、津山市には鶴山城址

絵はがき22　姫津線全通記念・産業振興大博覧会の宣伝用年賀絵はがき

や院庄をはじめとして、様々な観光名所がある。そんな豊富な地方の史跡名勝をもっとよく紹介し、観光都市として宣伝することもあわせて期待されていた。

　会場は津山市鶴山公園を使い、鶴山城を中心として各建物が配置されていた。この鶴山公園は桜の名所として知られ、会期も桜が咲く時期に重なっていたが、入場しない一般客の妨げにならないよう、博覧会目当ての客との道を分けた会場作りになっていた。会場には昭和日本の物産をぎっしり陳列した産業本館、各地のジオラマを展示した観光館、陸軍省出品の一九三一年（昭和六年）の満州、三二年（昭和七年）の上海事変のパノラマやジオラマを設置した国防館、さらには日本精神を発揚し、津山の史跡を紹介する教育劇を上演した教育演芸館や、いわゆるお化け屋敷であるお化け館などがあった。珍しいものでは、海女《あま》館なるものがあり、志摩の海女が真珠を探すのを目の前で見ることができた。開場時間は朝八時から午後五時、入場料は大人三十銭、子ども十五銭だった。

　同時期に姫路市で「国防と資源博覧会」が、浜甲子園では大阪毎日新聞社主催の「輝く日本博覧会」が開催されたため、また、日曜と祭日に天候に恵まれなかったこともあり期待していたよりも客の入りはよくなかったようだが、最終的には入場者数は十九万六千七十五人、収入は予想の三万六百円より七千円多い、三万七千九百九十七円となり、結果的に大変好評だったことがわかる。

　会期に先駆けて新年には、宣伝用の年賀絵はがきが各所に送られた。朝日か日の丸のような大きな太陽を背景に、展覧会をイメージさせるランドマークが描かれる図案で、その前には門松を思わせるシンボリックなデザインと、一九三六年（昭和十一年）の干支のねずみを配している。これは約十五万枚送られたが、その数は市内差し出しの約三分の一にあたる量だったという。博覧会の会長で津山市長の中島琢之の名のもとに、全市民一人残らず活用するよう文書が出されたこともあってか、数が足りずに後に一万枚が増刷された。印刷は全日本印刷がおこない、販売価格は百枚以下は一枚五厘、百枚以上は四厘となっていた。

以上、三十年の間に開催された九回の博覧会を取り上げた。

博覧会は、最先端の化学や技術を公に知らしめるには格好の場だった。それとともに、人々に娯楽の場を提供した。多くの人でにぎわい、様々な珍しい陳列や催しで華やぎ、イルミネーションの光に彩られた会場は、人々を驚嘆させたことだろう。また、鉄道開通と博覧会が結び付くことによって、その地の今後のにぎわいを期待させ、大いに沸き立たせたことだろう。博覧会絵はがきを見ると、博覧会のシンボルとなった塔や、普段の生活では目にすることがなかったであろう奇抜な建物がある会場風景、電気を贅沢に使ったイルミネーションの写真や絵が使われ、当時の人々の興味を掻き立てていたことが想像される。

参考文献

化学工業協会／化学工業時報社編『化学工業博覧会要攬』第三回化学工業博覧会要攬刊行会、一九三一年
化学工業博覧会編『化学工業博覧会報告 第3回』第三回化学工業博覧会事務所、一九三一年
上越線全通記念博覧会編『長岡市主催上越線全通記念博覧会誌』上越線全通記念博覧会、一九三二年
昭和産業博覧会協賛会編『広島市主催昭和産業博覧会協賛会誌』昭和産業博覧会協賛会、一九三〇年
津山市産業振興大博覧会編『津山市主催姫津線全通記念産業振興大博覧会並ニ協賛会誌』津山市産業振興大博覧会、一九

三九年
電気協会関西支部編『電気大博覧会報告』電気協会関西支部、一九二七年
橋爪紳也監修『日本の博覧会――寺下勍コレクション』（別冊太陽）、平凡社、二〇〇五年
橋爪紳也／中谷作次『目で見る日本の博覧会』日本図書センター、二〇一三年（底本：橋爪紳也／中谷作次『博覧会見物』学芸出版社、一九九〇年）
堀江長吉編『電気博覧会報告』電気博覧会事務所、一九一九年
山本光次編『大礼奉祝交通電気博覧会誌』大礼奉祝交通電気博覧会残務事務所、一九二九年

文士・美術家たちの博覧会

山田俊幸

誰かが「博覧会見学クロニクル」という企画をやると面白いのだが、誰もやりそうにないので、そのとっかかりとして手元にある文士や美術家がつづった博覧会の様子数点を記しておこう。博覧会に関してはこんな見過ごされている資料もある。

拓殖博覧会（東京）（一九一二年〔大正元年〕）

この博覧会については手元に確認できる資料がないのだが、金田一京助の随筆で、彼が論文を書きあぐねていて、この博覧会のアイヌの村の再現ブースを見学、感激してアイヌの「ユーカラ」研究に邁進したという話を読んだし、金田一氏からも聞いたことがある。

「拓殖」の語は「未開の外地などを開墾し植民すること」というきわめて上から目線の語。日清・日露戦争で領有した地域（これが拓殖すべき土地だ）に向けて国威発揚をおこなうという、日本国のあからさまな思惑ぶくみの博覧会だったが、そうしたところとはまったくはずれたところでこんな文化の変動があったことは記憶しておいていい。

この時期、日本は欧米を目指して、グローバル化しようと意気盛んだった。そのための博覧会である。実際、博覧会の起源をたどっても、ロンドン万国博覧会のクリスタルパレス（温室植物園）やパリ万博の植民地の発掘品展示など、ロー・カルチャーあるいは滅んでしまったカルチャーの展示は、博覧会が本来もっていた一つの方向だった。日本の博覧会も、たび重なる「戦捷ムード」（これが結局ムードでしかなかったことは、歴史が証明している）でのグローバル化の傾向が強かった。「拓殖」の名の博覧会は当時としては仕方がないことだったのかもしれない。だが、そんな国家が進もうとしていたグローバル化の裏で、「アイヌ研究」しかも「アイヌ古謡」の研究という、こんな「ローカル」に徹した研究が始められたことには、大きな意味がある。これが逆に、やがて「日本（大和）とは何か」という大きな問題を、その後に提示することになる。

また、この博覧会を訪れた二人の美術家がいる。富本憲吉とバーナード・リーチである。このことについては、「モダン・デザインの先駆者　富本憲吉」展（山田俊幸監修）のテクストに書いたので繰り返さないが、二人の会話のなかに、富本が、「どういうわけで野蛮人はコウうつくしいものを造る力をシッカリともっているのだろうか」「自分らより確実に良い工芸品を造りうる土人の作品に蛮の字を加えないようにしよう」と言うと、リーチは「サベージという字の意味を自分たちは普通の人と異なって考えているのだからかまわない」と言ったという一節は忘れずに書いておこう。彼らはここで、アイヌの模様を発見したのである。富本憲吉のデザインの根幹はここに始まっている。

ところで、これはヨーロッパの万博で、当初ロー・カルチャーとされていた日本の浮世絵が発見され、ヨーロッパの絵画を突き動かしたことにも似ているだろう。

東京大正博覧会（一九一四年〔大正三年〕）

武者小路実篤から山内英夫宛書簡（五月二三日）。

昨日房子や房子の妹と博らん会に行つた。ヱを見てから南洋館を見、美人島を見た。サロメのおどりがあるかと思つたらなかつた。禁止されたのだらう。それから鰻の丼を食つて三越の子供の楽隊を少し聞いた、さむくつて風邪をひいた。（一寸だけど）。少しは博らん会に来た気がしたが見る処は少ない、工業館には入らなかつた。ミーラーも見なかつた。夜の第二会場は一寸美しかつた。性急に電気がついたり消えたり、ぐるぐるまわつたり、はつたりするのは少しうるさかつた。全体として久しぶりに面白かつた。その内又行くことにした。南洋のおどりは可なり面白かつた。ヱをみてゐたら木ノに二度逢つた。（志賀直哉『志賀直哉宛書簡』〔『志賀直哉全集』別巻、岩波書店、一九七四年〕）

博覧会は一人で見るものではない。その楽しみを誰かと共有するものだ。ここでもそうした楽しさでの、博覧会見学だったようだ。何より、家族（あるいは一族）との見学というのがポイント。「木ノ」は木下利玄か。とすれば、夫婦にお付きの見学である。そうではあるのだが、自己中心的な彼らが主導する見どころは、「ヱ（美術展）」「南洋館」「美人島」「サロメのおどり」「三越の子供の楽隊」「工業館」「ミーラー」だったようだ。博覧会での「ヱ（美術展）」は、美術好きの「白樺」同人には（その絵の好悪の批評はどうであれ）見逃すことができないものだったはずだし、拓殖博覧会で北方が話題になったのに対し、この博覧会では南方という「未来記」のような未知の地への「拓殖」の期待があったようだ。これを「日本式オリエンタリズム」といっておこう。「南洋のおどりは可なり面白かつた」。つまり、バーナード・リーチ、富本憲吉式にいうならば、これらも「サベージ」への興味なのである。日本帝国の植民地路線でこれらの期待が実現していくことはいうまでもない。この博覧会でとりわけ彼らの興味を引いたのは「美人島を見た。サロメのおどりがあるかと思つたらなかつた。禁止されたのだらう」という一文にあるイベントだったにちがいない。

さて、一九一四年（大正三年）のこの東京大正博覧会は、まさに大正的自由さに満ちたものだったようだ。そして、前近代（「南洋館」「美人島」「サロメのおどり」）と、近代（近事）＝現在（「工業館」「夜の第二会場」）の対比こそがこの博覧会のかなめだ。電気の時代がいまだに遠いと思われていたこの時期、電飾のイリュージョンが見せた「夜の第二会場は一寸美しかつた。性急に電気がついたり消えたり、ぐるぐるまわつたり、はつたりするのは少しうるさかつた。全体として久しぶりに面白かつた」のだ。

家庭博覧会（東京）（一九一五年〔大正四年〕）

有島武郎から病める妻への書簡（五月四日）
今日帰宅仕候。昨日は好天気に乗じ、母上、信子君と三児を伴ひ、家庭博に参申候。よのつねの雑閙と、さして異る所はなけれども、広くとりたる運動場あるが為め、子供等は有頂天によろこび遊び申候。随分くたびれて帰来り申候。今日は又赤十字社の総会なりし為めにや、飛行機飛行船共に東京の天にかけり、正、敏を驚かし申候。（略）（有島武郎『有島武郎全集』改造社、一九三一年）

付け加えることもあまりないが、あまり現在では取り上げられることがない博覧会にも行き、けっこう見学をしている。この書簡では、博覧会よりもこの五月四日の赤十字社の総会の記事のほうが興味深いかもしれない。

上越線全通記念博覧会（長岡市）（一九三一年〔昭和六年〕）

文士の記録としては、水上龍太郎がこの博覧会に行っていることが知られている。
博覧会は、東洋一の清水トンネル貫通工事による上越線の開通を祝ってのもの。日本の鉄道史に特筆される大工事だった。東京での開催ではなく、地方での開催ということで、見学記のさしたるものは特にないが、この開催からしばらくして観光小説作家・川端康成が『雪国』の短篇群を発表し始めているところは見逃せない。「国境のながいトンネル」は清水トンネルだった。この博覧会イベントがなければ、トンネルが巻頭の一行として出て、読者に注目されることはなかっただろう。

博覧会と伝統

井並林太郎

一九一五年（大正四年）十一月の大正天皇即位大礼を奉祝し、同年十月から京都や大阪で博覧会が開催された。奉祝御即位大典教育展覧会は、発行された絵はがき（絵はがき1）の右下に押されたスタンプから同年九月には催されていたことがわかるが、これも同じく新天皇即位を記念したものである。

この絵はがきに描かれているのは、紫宸殿で天皇が勅語を読み上げ、皇位継承を公示する即位の礼の一場面である。画面中央上部には、菊花紋をあしらった帽額《もこう》の下から高御座《たかみくら》の下部である黒漆壇がのぞく。左右対称に配される右近の橘・左近の桜や、その前に立てられる纛旛《とうばん》・錦旛《きんばん》は、実際の風景と照らし合わせるとサイズや位置に大幅な変更が加えられ、形が単純化されている。手前の南庭《だんてい》に列する威儀の者八人も、四角形や三角形を組み合わせた幾何学的なデザインで、冠を被った頭部などはグレーの線で囲まれ黒く均一に塗りつぶされている。造形面でのこうした幾何学的・平面的な志向には、大正時代の清新な美意識が反映されているといえるだろう。本図の作者は明らかでないが、大胆な意匠化は図案家・下村玉廣《たまひろ》（一八七八―一九二六）による『大典図案』（一九一三年（大正二年））との関連がうかがわれる。

ただ、画面全体としては、モチーフの大小関係や重なりを組み合わせて、南の承明門《しょうめいもん》側から即位の礼を見物したような奥行きのある視界を提示していることは見逃せない。ここでは古来の年中行事絵や記録画などに見られる俯瞰的な構図は用いられていない。

天皇が皇位の継承を宣示する即位儀礼は、日本国における最も重要な行事の一つとして代々執り行われてきた。

絵はがき1　奉祝御即位大典教育展覧会

もちろんその儀礼自体はいつの時代も厳粛なものだっただろう。しかしそのイメージとは裏腹に、中近世において内裏は自由な往来や行事の見物が許された空間であり、庶民（雑人）が即位の礼を間近で見ることができたという。つまり、絵はがき1が提示する観覧客の視点から見るような風景とは、典範の一部が改訂されたとはいえ、また、限られた人数だったとはいえ、歴史的に庶民が享受してきたものといえる。

しかし、この様相は近代に入って一変する。十九世紀末以降、国際社会での日本の地位を確立するために、「旧慣」が保存された都市として京都を復興させる文化戦略が進められた。そのなかで、即位の礼と大嘗会を京都でおこなうことが、一八八三年（明治十六年）の岩倉具視による「京都皇宮保存ニ関スル意見書」で建議され、八九年（明治二十二年）の皇室典範、一九〇九年（明治四十二年）の登極令で定められる。その後京都は、日本古来の文化を保持する「古都」の表象となり、京都御苑も有職故実《ゆうそくこじつ》を継承し諸儀礼を執り行う正統な空間として位置づけられるようになる。これにしたがい、御苑は庶民から離れた閉鎖的な場所になり、明治以降は即位の礼も一般公開されなくなったのである。

一方、即位の礼の後に実施され、ともに即位儀礼を構成する大嘗祭は天皇家の私的な神事として従来は公開されてこなかった。しかし、そのなかでおこなわれる五節舞《ごせちのまい》は、大正の大嘗祭に際して、やはり登極令によって楽曲や舞いを改訂したうえではじめて一般公開されたという。一九二八年（昭和三年）の昭和天皇即位大礼を記念する博覧会で絵はがきに表された五節舞の図（絵はがき2）は、右記の理由により、ほとんど大正の大嘗祭の記録に基づいて制作されたものと考えられる。

舞姫たちの容貌は絵巻物などに見られるような引目《ひきめ》鉤鼻《かぎばな》風のものであり、色面を際立たせる均一な描線や、衣装や器物の細緻な文様など、古来の描法を意識した表現が見られる。しかし、それに対して特徴的なのは、即位の礼と同じく観覧者の視点が想定された構図になっている点である。舞台上を回転する五人の舞姫の円環を、手前の欄干越しに正面やや右寄りから眺めたように図を作成し、舞姫が左奥から次々に近づいてまた離れていくという動きの一瞬をとらえたように表している。まるで王朝絵巻の世界に降り立ち、晴れやかな舞台を眼前にしたかのようである。

絵はがき2　昭和天皇即位大礼記念絵はがき　五節舞の図

近代に入って見ることができなくなった即位の礼、初めて見ることが許された五節舞は、いずれも宮中文化を目の当たりにしたいという人々の欲望を揺さぶり、刺激したことだろう。観覧者の視点によって即位儀礼を表した絵はがきは、それらを目の前で見物したいという需要に応えて制作されたと考えられる。こうした「臨場」感ある絵柄の絵はがきが購入され、郵送を経て所持されるという過程のなかで、儀礼の「見物」は従来とは比べようもないほどの規模で広くおこなわれたといえるだろう。その普及は、近代にいたるまで皇室に「旧慣」が継承されてきたことを遍く知らしめることにもなる。人々は即位儀礼の図を見ることで、いまの自分たちが属する国家が、天皇家という神代から続く正統な歴史、すなわち「伝統」に貫かれてきたことを認識することになったのである。それは最前線の産業やライフスタイルを提示し、日本がさらに繁栄する未来像を打ち出した博覧会と一体をなして、過去に対しても未来に対しても豊かな国家像を形成していく。

即位大礼を記念する博覧会は、皇室および国家の「伝統」によって新時代が開かれたことを喜び、さらなる繁栄への展望を示す祝祭であった。新天皇の即位を盛大に祝う大衆も、家々を華やかに飾ったり、仮装して奉祝踊《ほうしゅくおどり》に繰り出したりと、享楽的ともいえる熱気に満ちていた。その意味で、絵はがきに表された即位儀礼の「伝統」とは、古臭く停滞した過去の歴史ではなく、華麗に、洗練されて生まれ変わった当時の新しい皇室文化であり、更新されつつある国家像なのである。

参考文献
下村玉廣『玉廣画集・大典図案』（近代図案コレクション）、芸艸堂、二〇〇四年
高木博志『近代天皇制と古都』岩波書店、二〇〇六年

第2章　対外宣伝と植民地

高橋千晶

近代化を推進した戦前日本の博覧会で、植民地は必要不可欠なテーマだった。植民地との共存共栄や貿易振興を謳い、植民地政策の成果を内外に示すことを目的に、朝鮮、台湾、満州という植民地で博覧会を開催したほか、内地開催の博覧会でもそれら植民地のパビリオンが多数設営された。本章では、一九〇七年（明治四十年）の京城博覧会から三六年（昭和十一年）の岐阜市主催躍進日本大博覧会までの十二の博覧会を取り上げ、刻々と変わる国際情勢のなかで近代日本が植民地をどのように表象し、「帝国日本」の宣伝に供したのかを、各博覧会の絵はがきとともに紹介する。

京城博覧会（一九〇七年〔明治四十年〕八月八日―九月十五日）

一九一〇年（明治四十三年）の日韓併合に先立つ〇七年に、京城（現ソウル）で初めて開かれた博覧会である。前年に釜山で開催された日韓博覧会の成功を受け、統監府が置かれ日本人居留地であった首都漢城（一九一〇年に京城に改称）に舞台を移して開催された。日韓両国の融和親睦と通商貿易の拡大が開催の目的だった。京城南大門前の大東倶楽部を会場に使用したほか、統監府農商工部技監を務めた理学博士・巨智部《こちべ》忠承《ただつね》の鉱物陳列場に加えて陳列館を数棟増築したものの、敷地面積は全体で三千坪（約一ヘクタール）と東京ドーム五分の一ほどの小規模な会場となった。京城博覧会の経費五万二千五百円の内訳は、韓国政府から二万五千円と統監府からの二万円に加えて、残り七千五百円は有志者からの寄付金と博覧会の収入をもって補うことが定められた（京城府編『京城府史』第二巻、京城府、一九三四―三六年）。日韓官民一致の開催を強調しながら運営面で日本側が深く干渉し、実質は日本側が主導権を握ったかたちでの開催となった。その内情を示唆するかのように、「東京朝日新聞」（一九〇七年八月七日付）は博覧会出品予定者を五百三十六人、出品数を四百六十四個と伝え、そのうち韓国

絵はがき1　京城博覧会会長・鶴原定吉と伊藤博文

絵はがき2　京城博覧会会場の写真

からの出品ははなはだ少なく、多くは大阪からの出品と報告している。

京城博覧会会長を務めたのは初代統監府総務長官の鶴原定吉である。大阪からの出品が多数だった背景には、日本銀行大阪支店長、関西鉄道社長、大阪市長を歴任した鶴原の影響が色濃く、京釜鉄道を使用した博覧会出品物の運賃を三割引きにするなど、その手腕は「鶴原式」とも称された。鶴原会長の肖像写真は、三越呉服店製の絵はがきに初代統監伊藤博文とともに掲げられている（絵はがき1）。植民地化政策の要職者二人を博覧会の顔とし、絵はがき中央に日の丸をあしらい、朝鮮の特産品を周囲に配した図案には、植民地経営の一事業として開催された日本主導の京城博覧会の実相が刻み込まれているかに見える。

一九〇六年（明治三十九年）の統監府設置後、「保護」の名のもとに植民地化を進める朝鮮の博覧会事業は、日本による「啓蒙」の成果を陳列する場でもあった。例えば、不況が伝えられた京城博覧会では、韓国女性の集客を見込んで女性限定の観覧日とする「婦人デー」が設けられ、当日は「隠居主義」と批判された「両班婦人」八千人を集客したという。会場に展示された三越呉服店と赤十字社の装飾人形、演芸場の日韓芸妓に驚く韓国女性たちの様子を、「自己本位にして礼譲を弁別せざる」振る舞い、「入浴洗髪なさざる」韓国女性の「悪臭」などと、メディアは面白おかしく書き立てた（「東京朝日新聞」一九〇七年十月五日付）。京城博覧会の記念絵はがきに白い韓服姿の男性二人を描き、右上に京城南大門を素朴に加えたものがある。民族衣装の男性が馬を引きながら向かう先には、アーチ窓を備えた洋風建築の塔がそびえ立ち、万国旗がたなびく博覧会会場の写真がある（絵はがき2）。伝統を生きる後進国韓国と近代化をもたらす日本。「啓蒙」と「異国情緒」の二つのまなざしが織り込まれた図柄である。

日英博覧会（一九一〇年〔明治四十三年〕五月十四日―十月二十九日）

一九〇二年（明治三十五年）に締結した日英同盟を記念し、ロンドン郊外のシェファーズ・ブッシュに十九万坪（約六十三ヘクタール）の敷地を用意して開かれたのが日英博覧会である。日英同盟第三次改正を目前に控え、在イギリス大使の小村寿太郎が強く主張して実現にいたっている。日露戦争後の黄禍論と反日感情の払拭を念頭に置き、後進国としての日本イメージの刷新とあわせて、対英貿易を拡大する意気込みのもとに開催された。日本からの出品者は千百二十六人を数え、出品点数も約五万四千七百点にのぼっている。日本側は官民挙げての力の入れようだったが、イギリス政府の正式な支援はなされず、「日英博」というより「日本博」と呼ぶべき内容だったと伝えられている。日英博絵はがきの一つに日本を象徴する富士山とイギリス王室の紋章たる獅子を扇形に並置した図柄のものがある。墨絵風の筆致と和紙の使用に、十九世紀から続くジャポニスム・ブームの影響が

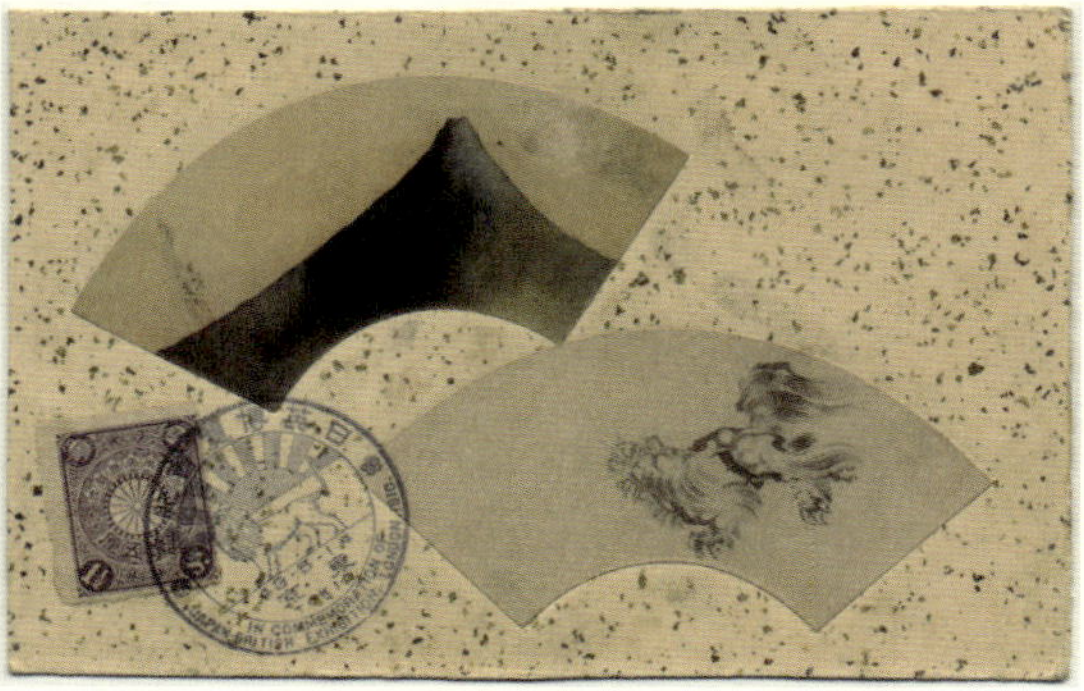

絵はがき3　日英博覧会の富士と獅子

絵はがき4　日英博覧会のイギリス展示館の人工滝

見て取れるように、日本的なイメージは日英博で大いに歓迎されるものだったようである（絵はがき3）。開催にあたっては、シェファーズ・ブッシュの博覧会施設を所有し、英仏博覧会などを手掛けたイギリスの興行師イムレ・キラルフィーが仕掛け人として手腕を振るい、相撲やトロッコ鉄道など多様な余興を取り入れた見せ物的趣向が強い博覧会となった。

　会場には、日本の歴史をジオラマで紹介した日本歴史館、織物から雑貨までを陳列した日本織物館、農産物や漁業品を出陳した日本富源館、西南戦争や日清戦争の資料を展示した日本政府館など、日本の歴史・産業・軍事に関する展示館が設営された。陸軍省の展示では、対日感情への配慮からか日露戦争関係の出品は控えられている。五千六百七十坪（約一・八ヘクタール）の敷地に建造した二つの日本庭園は「平和の園」「浮島の園」と名付けられ、どちらも終始満員の盛況だったという。また、台湾、朝鮮、満州の各植民地の生産物と日本による公共事業の成果を展示した東洋館は、日本が西洋列強と等しく植民地を保有する国力をもち、その運営が成功裏に進んでいることを強調した。植民地関係では、ほかに台湾のパイワン族とアイヌ民族の生活展示が余興としておこなわれた。日英博での先住民展示については、帝国主義のイデオロギー装置として十九世紀以降の博覧会にしばしば登場した「人間の展示」に連なる事柄と指摘されるが、西洋、日本、日本の植民地の三者のまなざしが入れ子状に交錯する場であったことや、異人種に対する見せ物的なまなざしの主体をめぐって、近年、詳細な研究成果[1]が提示されている。

　一方、イギリスからの出品は三分の一程度と振るわなかったが、イギリス水路部やグリニッジ天文台からの出品、ロンドン警視庁の指紋判定法の紹介が興味深い事例として報告されている。イギリス展示館のうち、すべてインド風の回廊式に建造された第十二号館から第十五号館の区域は「名誉の中庭（Court of Honor）」と呼ばれ、正面式場にはひな壇式の人工滝が設営された。夜間は五色のイルミネーションで美観を誇ったという（絵はがき4）。「名誉の中庭」に見るように、博覧会で植民地を表象する建造物を建立することは、征服を記念するための「戦利品」としての意味合いをもつ。この手法は、戦前の日本でも踏襲され、植民地を巻き込む博覧会運営において、帝国主義的目標とその達成を視覚的に誇示する常套手段となった。

明治記念拓殖博覧会（東京、一九一二年〔大正元年〕十月一日―十一月二十九日／大阪、一九一三年四月二十一日―六月十九日）

朝鮮、台湾、関東州、樺太、北海道に及ぶ植民地政策の充実を紹介して、殖産興業を奨励するとともに国運の興隆を促すべく計画された博覧会である。各植民地と交渉を進めていた一九一二年七月、明治天皇の死去により開催はいったん中止と報道された（「東京朝日新聞」一九一二年七月三十一日付）。その後、余興を一切見合わせたうえ、もっぱら拓殖地方の産業教育の紹介に力点を置くことで実施にいたる。当初の予定から十日ほど延期したものの、東京・上野公園不忍池畔で約二カ月にわたって拓殖博は開かれ、六十一万六千三百十五人を動員した。その成功を受けて、商工業の中心地を自負する大阪も開催を希求し、主催となる大阪商工会を新設して博覧会開催準備に着手した。そして翌年四月二十一日から大阪・天王寺公園に場所を移し、ほぼ東京と同様の内容で設営された。

会場では、正門を入ると白雪疎林を走る樺太犬ぞりの模型があり、その横に椰子の葉が繁る台湾館と、寒帯と熱帯が併存する特異な空間が広がった。北海道館は楡の皮を張った丸太組みの正門に翼を広げた大鷲が止まり、柱の下部には十字狐の毛皮が積み重ねられ、内地と異なる習俗が演出された（絵はがき5）。ほかに京城南大門の模型が目を引く朝鮮館が立ち、関東州の出品では大連市全景を千五百分の一に縮小した大模型が見どころになった。

拓殖博の特色として記すべきは、「土人風俗」の実地教育として計画された「人間の展示」である。第五回内国勧業博覧会で「人間展示」を主導した東京帝国大学教授の坪井正五郎がこの展示の顧問を務め、人類学者石田収蔵らが植民地からの展示品収集にあたった。拓殖博の「人間の展示」では、「掘っ立て小屋」と呼ばれた先住民族の住居が再現され、民族衣装に身を包んだ「土人」の生活がつぶさに公開された。そこでは、熊の頭蓋骨を

絵はがき5　明治記念拓殖博覧会の北海道館

用いたアイヌの熊祭りのほか、台湾先住民族の生蕃《せいばん》人家族五人による籠細工や台湾人夫婦による通草紙造化細工の実演をおこない、観客の視線を集めた（「東京朝日新聞」一九一二年十月一日付）。これら「人間の展示」遂行の背後には、人類学的関心と見せ物的関心に基づいて人種を階層化し、野蛮の教化を正当化しようとする政治的力学が見え隠れする（絵はがき6）。観光館では二千人収容の活動写真場を設け、各植民地から集められたフィルムが上映された。朝鮮からは京城と平壌の市街、釜山停車場を写したフィルムが寄せられ、台湾では生蕃人住居の記録や生蕃討伐隊の苦戦の様子が活写された。樺太出品のフィルムには海豹島のオットセイ群游、ギリヤーク・オロチョン種族の生活実況、トナカイ放牧や捕鯨の光景などが映し出され豪快な内容の映画だったと伝えられる（「東京朝日新聞」一九一二年十月四日付）。

拓殖博では各植民地で観光団が組織され、「母国視察」という名目で招待された。台湾総督府からの生蕃観光団、大連公民義会の関東州観光団、東洋拓殖の朝鮮観光団が来観したほか、朝鮮普通高等学校と台湾国語学校の

絵はがき6　明治記念拓殖博覧会の「人間の展示」

生徒団が修学旅行として来日した点も、当時の植民地経営を知るうえで注目すべき側面である。

市制十周年記念大連勧業博覧会（一九二五年［大正十四年］八月十日―九月十八日）

一九二四年（大正十三年）の市街地区拡張に伴い、人口二十一万を擁する大都市になった大連市が、「大大連」としての門出を祝し、市制実施十周年の記念として企画した博覧会である。記念絵はがきには、〇六年（明治三十九年）、〇九年（明治四十二年）、一五年（大正四年）の大連を俯瞰する定点観測写真三点が並び、日本の租借地時代からの大連の成長を視覚的に示している（絵はがき7）。蒸気をあげて前進する汽船と機関車のモチーフに、沿岸都市大連の近代的発展とともに海路・陸路でつながる日本との緊密な関係を示唆している。

大連勧業博は、日華両国の共存共栄を謳い、産業貿易の発展に資することを目的として大連市が企画・主催し、関東庁と南満州鉄道の支援を受けた大連初の博覧会だった。広大な緑林を有す西公園（現・労働公園）を第一会場、一九〇九年（明治四十二年）に開園した満鉄経営の大連電気遊園を第二会場として、合わせて約二万一千五百坪（約七ヘクタール）の敷地を利用した。道を隔てて並ぶ両会場は跨線橋でつながれ、会場となった電気遊園にふさわしく昇降用エスカレーターを利用して移動したらしい。夏の盛りの時期での開催ということもあり、納涼の観客をねらって夜九時までの開場を敢行、電飾を用いた夜間装飾によって不夜城のような美観を誇ったという（絵はがき8）。

第一会場には、第一から第五までの本館が並び、大連、満州、関東州、朝鮮および日本各府県からの出品が見られた。満州と中国では特産物と原材料の陳列が多く、日本国内からは加工品中心の展示となり、日満の貿易促進とともに植民地各地に向けた販路拡大の期待があらわになった。そのほか広島館、熊本館などの内地各府県の特設館が立ち並び、そのなかでも極彩色の朝鮮式宮殿造りの朝鮮館と白亜洋風建築の台湾館の対比が美しく、観客の目を引いた。大連石鹸特設館や朝鮮製薬合資会社による人参館のような植民地企業が宣伝・即売に努め、森永館、日本生命肥塚商店共同館、小野田セメント館など国内の主要企業の参加によって、勧業博の面目躍如とな

絵はがき7　大連を俯瞰する定点観測写真が並ぶ

絵はがき8　大連勧業博覧会会場の夜間装飾

った。折しも上海を中心に抗日運動が激化したため、青島や天津など中華民国からの特設館設置は実現せず、「日華共存共栄の具体化」という理念は果たされなかったものの、入場者数は大連市人口の四倍近い七十九万三千七百七十九人と報告され、観光客の動員では予想以上の盛況となった。本館と機械館などを合わせて出品をおこなった人数は三千四十六人にのぼり、また出品総数は七万九千七百九十三点に達するなど、出品についても当初博覧会事務局が予想した五千点をはるかに上回る成果をあげている。大連勧業博は、開催目的の一つだった対大連の貿易向上に大いに貢献したといえるだろう。

始政二十年記念朝鮮博覧会（一九二九年〔昭和四年〕九月十二日―十月三十一日）

一九〇七年（明治四十年）の京城博覧会、一五年（大正四年）の始政五年記念朝鮮共進会開催に続いて、京城を舞台にした博覧会である。朝鮮総督府が主催し、後援として京城協賛会が組織されたほか、官民各方面からの支援を受けて開催にいたっている。産業、交通、土木、教育、衛生にいたる朝鮮の発達を一堂に会して、始政二十年間の半島統治の実績を内外に示すことを主要な目標に掲げた。内地と植民地、諸外国の出品物の比較によって採長補短の好機とし、産業経済の将来の発展に役立てるとともに、二十年に及ぶ同化政策の進捗を供覧する機会にもなった。

緑豊かな京城景福宮跡と隣接する用地を含め約十万坪（約三十三ヘクタール）を会場とした。会場正門として旧景福宮正門である光化門を利用し、場内には朝鮮式パビリオンが立ち並んだという（絵はがき9）。一九一〇年の韓国統合以降、景福宮殿閣の多くは破壊され、正殿である勤政殿前には朝鮮総督府の庁舎建設が進められた。朝鮮王朝の象徴たる旧景福宮での博覧会開催は、李氏朝鮮時代との決別をはっきりと告げると同時に、二五年に庁舎完成をみた朝鮮総督府による朝鮮支配の盤石化を意味していた。会場には、朝鮮式の目にも鮮やかな産業南北館、生活状態を概観する社会経済館、朝鮮の行政区画である十三道からの生産物や施設を展覧した審勢館、護国の精鋭を集めた陸・海軍館、各国の出品を並べた参考館のほか、台湾、満州、樺太にいたる各植民地館と、東京、大阪、京都、名古屋、九州、北海道などの特設館と内地館も設営された。そのほか、美術工芸教育館、交通土木建築館、司法警務衛生館とあらゆる角度から朝鮮の過去と現在を示し、日本統治下での朝鮮の発展が強調されたものになっている。余興として演芸館、野外劇場、子供の国、活動写真館が並び、萬国街では、チェコスロバキアのアンネタ・ブーシ嬢の怪力演技、ロシア人のニナ・アンタレス嬢のダンス、日本人山本忠男の一人オーケストラなど、多彩な興行が評判を呼んでいる。会期中の入場者数は百二十万人あまりであり、かなりの好成績を収めた。

絵はがき9　朝鮮博覧会の産業北館

絵はがき10　京城協賛会発行の記念絵はがき

京城協賛会が発行する絵はがきの取り扱いでは、京城府内五社による指名入札がおこなわれ、落札した宗像商会が制作と販売を手掛けた。記念絵はがき三枚一組、三色刷り美術写真絵はがき三枚一組、一色刷り写真絵はがき十枚一組を配布して博覧会気分の振興に努め、宣伝用絵はがきは総計二十七万枚あまりに及んだ。記念絵はがきの図案の一つは、勤政殿とその背後に迫る博覧会場を描き、後方に京城を取り巻く三峰の一つ、三角山が紅葉する美景を配した（絵はがき10）。蒼空に広がる雲の輪は朝鮮半島をかたどり、多色刷りで印刷された流麗な図案は、ちょうど朝鮮総督府から見た光景である。この絵はがきに見るように、朝鮮博覧会に強く注がれたのは帝国日本のまなざしだった。

日本海海戦二十五周年記念海と空の博覧会（一九三〇年〔昭和五年〕三月二十日—五月三十一日）

日露戦争での日本海海戦二十五周年記念として、海軍と航空に関する知識の普及と国民精神の作興を図るために、三笠保存会・日本産業協会が主催し、海・陸両省を後援に執り行われた博覧会である。博覧会総裁には日露戦争に戦艦三笠分隊長として参加した伏見宮博恭王を据え、名誉顧問に日露海戦の英雄として名を馳せた元帥東郷平八郎が就任した。副総裁は海軍大将財部彪と陸軍大将井上幾太郎、会長は日露戦争当時大蔵次官として戦時財政を運営し、その勲功として男爵に叙せられた阪谷芳郎が務めた。博覧会役職者五人の肖像を掲げた絵はがきには、阪谷会長を除く四人が軍服姿で登場し、伏見宮総裁の周囲に日章旗と旭日旗合わせて六本が掲揚されている（絵はがき11）。錆色の錨を配した図柄を見ても、帝国海軍の栄光をよりどころに、国防と軍事力強化を啓発する意図が読み取れる。なかでも日本海海戦の名将として絶大な支持を集めた東郷元帥の名は新聞記事の見出しにたびたび登場し、開会式臨席の様子から「若々しくすんだ」声の祝辞の紹介、ラジオ放送でその肉声がファンに届けられたという報告までなされて、紙面をにぎわせた（「東京朝日新聞」一九三〇年三月二十一日付）。

海と空博には二会場が設けられ、第一会場として東京市上野公園不忍池畔、第二会場として横須賀市白浜海岸の記念艦三笠前広場と周辺の埋め立て地が充てられた。上野公園の第一会場正門は、金の星で飾られたアーチ型の入場口にプロペラ付きの飛行機の模型を左右に並べて、意表をつく趣向となった。本館には彩りもきらびやかな台湾館と樺太館が並び、子供館には搭乗可能なツェッペリン号の模型とゴンドラが用意された。そのほか、各府県の産物陳列所があり、満艦飾の三笠艦をかたどる新設館にはパノラマ式の旅客飛行機を見せる航空館、日本海海戦記念館、交通と無線館などが設置され、近代化の成果を示した。空の秘密館、海の秘密館、国産・輸入対比館の三つの展示館は不忍池の池中にそびえ立つ奇抜な設計で、それぞれに複雑な装飾を施し、「クリスマスの飾菓子」と称されるほどにぎやかな外観が観客の目を引いたという（絵はがき12）。池中展示館の一つ目となる空

絵はがき11　海と空の博覧会役職者の肖像を掲げた絵はがき

絵はがき12　海と空の博覧会の奇抜な設計の展示館

の秘密館では、太陽を中心に遊星衛星を回転させ、太陽黒点を実物映写して見せるとともに、日蝕や月蝕、蜃気楼からオーロラまで空の不思議が陳列された。桟橋を渡った先の海の秘密館では、呼び物の一つとなるカタパルト発射実演場と本物の魚形水雷を池中に打ち出す試みが話題になった。このほか海の秘密館では、海産生物の分布図、真珠の養殖や捕鯨業も紹介された。続いて朱塗りの橋を渡った先には、国産・輸入対比館が建てられた。対比館中央陳列所では国産品と輸入品の比較展示がおこなわれ、その統計を表で示すことによって日本の経済的地位を誇示する仕掛けになっていた。第二会場の横須賀では、Z旗が翻る記念艦三笠の前で開会式がおこなわれ、追浜航空隊から海軍機二十一機が上空を飛行するなど式典を盛り上げたという。

満州大博覧会（一九三三年〔昭和八年〕七月二十三日―八月三十一日）

一九二五年（大正十四年）開催の市制十周年記念大連勧業博覧会に続く満州での博覧会である。前年三二年（昭和七年）の「満州国」建国を慶祝するとともに、市制二十年を翌年に控えた節目を記念して、大連市主催によって開催された。肥沃な満州の地への門戸となる大連は、天然資源に乏しい日本にとって産業・交通・軍事すべての面で欠くべからざる要衝であり、東洋第一の貿易港として日満産業貿易の発展に対する期待が込められていた。二万枚印刷した宣伝用パンフレットは「アカシヤ薫る夏の大連」と謳い、広大な涼風の大地への憧れを駆り立て、大陸旅行へと人々を誘ったが、国際連盟脱退による孤立状態も影響して入場者数は四十七万百四十二人と振るわなかった。満州国内からの観客動員も予想に反して少なく、会期中に会場配置図を添えた案内ビラの配布など追加宣伝を余儀なくされている。

会場は大連市白雲山麓の埋め立て地を利用し、三十五万坪（約百十六ヘクタール）の敷地を選定した。博覧会直営の本館を第一号館から第五号館までとし、高さ三十メートルに及ぶ正門も含めてそれらはすべて鮮やかな白亜のセセッション式で建造されている。各本館には、国内各府県からの出品に加えて、満州国、関東州、大連市からの出品物を場内随一の巨館である第三号本館にまとめて展示した。別館として、建国館、機械工業館、貿易館、建築館、教育衛生館、国防館、土俗館が各種各様の建築様式を誇った。ほかに東京館、京都館、愛知名古屋館など各府県のパビリオンが並び、朝鮮館や台湾館などの植民地館から、住友、三菱、三井が手掛けた企業館まで、工夫を凝らした外観で個性を競い合った。満州日報社主催の「コドモの国」は、円を描いて一周する汽車を用意し、世界の名所をパノラマに描いたトンネルが見どころとなった。広場にある塔の上には「のらくろ」や「平和の使節」とともに、少年兵の像も見える。「子供の国防館」も設置され、子ども向けの催しにも時局を踏まえた国防意識の喚起に注意が払われたようだ（絵はがき13）。

絵はがき13　満州大博覧会「コドモの国」

絵はがき14　満州大博覧会絵はがきに描かれた満州美人

満州博では、ほかの博覧会同様にポスターの図案懸賞をおこなったほか、宣伝歌を懸賞募集した点が新しい試みだった。結局応募作から宣伝歌が採用されることはなかったものの、急仕立てで作詞・作曲した宣伝歌「ミス満州」を内地のスター歌手淡谷のり子が歌い、日本コロムビア蓄音機からレコードが発売された。このほかにラジオ放送も活用し、新進のメディアを広報に積極的に取り入れている。

協賛会発行の絵はがきは、大連市在住大岡伯の手による満州美人、万里の長城、モンゴル草原を描いた水彩画風の三枚を一組にして、五万セットを印刷のうえ宣伝に供した（絵はがき14）。その絵はがきの一つ「満州美人」には、金糸で刺繍した真紅の旗袍《チーパオ》で正装し、豪華な頭飾りをつけた満州女性が登場する。女性の背後には日章旗がはためく高塔と電灯を整備し、上空に飛行機が飛ぶ近代的な博覧会会場が一望でき、満州の豊饒さと日本による近代化の成果を印象づけるものになっていた。

国防と産業大博覧会（一九三五年〔昭和十年〕三月二十七日―五月十日）

国防と産業大博覧会とは、広島県の軍港呉で開催された博覧会である。さかのぼること半世紀前の一八八九年（明治二十二年）、対外軍備と海防の発展を目指して呉に鎮守府が設置された。軍港都市、呉の誕生である。同博覧会の開催は満州事変後の国際連盟離脱を経験し、孤立する日本の国防に対する国民の関心を高め、軍事知識を普及することを主な目的とした。そのため、国防館第一主義のもと、海軍館や陸軍館などの国防関係施設の充実を図るとともに、軍需工業館、国防戦史パノラマ館を設けて非常時博覧会の性格があらわになっている。主要館を記録した写真絵はがきには「呉鎮守府検閲済」の文字が刻まれ、軍都としての呉の特殊性をうかがわせる（絵はがき15）。

二河公園を中心とした第一会場は、二河峡と友ヶ峰の景観を取り入れた三万坪（約十ヘクタール）の広大な土地を利用した。第二会場は、川原石海軍用地をおよそ八千坪（約二・六ヘクタール）借り受けて、これに市有地

絵はがき15　国防と産業大博覧会の第二会場正門

二千坪を合わせた一万坪の敷地が用意された。第二会場近くに係留した巡洋艦矢矧《やはぎ》と呂号《ろごう》第五十三潜水艦の観覧や、魚雷発射や水中爆発の実演もそれまでにない試みとして耳目を集めた。第一会場には産業本館、軍需工業館、郷土産業館、子供の国、海女館などが並び、アメリカ人リンゲンスの大冒険演芸場も設置された。南洋風土を思わせる淡青色の外壁に「土人々形」をあしらった拓殖館は、移民奨励と貿易振興という国策を視野に、フランス領インドシナ、ペルシャ、シャム、ペルー、トルコ、ハワイ、ブラジルの風俗を壁画や模型で示すとともに、生産品や参考資料を所狭しと陳列した。なかでもペルー発見のミイラ二体（「妊婦ミイラ」と「刑罰者ミイラ」）の出品は、観覧者を驚嘆させたという。特設館には、石獣を左右に配した大碑楼を掲げる満州館、天然の蘇鉄を前庭に植えた台湾館、パビリオンとしておなじみの朝鮮式宮殿造りの朝鮮館が粋を競った。異国情緒とともに見せ物的新奇性を演出した展示には、植民地事情の知識普及と、それに伴う貿易振興の期待が盛り込まれていた。

　博覧会開催時の呉市の人口は二十三万を数え、全国第九位と躍進の途上にあった。呉線開通の時運に乗って新興産業都市たる呉の存在感を示すことを第二の目的とし、「呉市の景気は博覧会から」を合言葉に、博覧会会長を務めた渡邊伍呉市長によるラジオ放送や、宣伝ポスター図案募集などの宣伝活動に力を注ぎ、入場者数は七十万人を超える盛況となった。

　当時の博覧会の多くは宣伝振作の一つとしてポスターの図案懸賞を試みていたが、国防博も例にもれず、五百円の高額賞金を掲げて全国に告知し、二百二十二点の応募があった。一等は関西デザイン界の寵児「ウンペイ」こと河村運平が獲得し、その作品は第二回宣伝ポスターとして採用された。ポスターの主要モチーフは、第二会場正門にもかたどられたマーチンス・アンカー。戦艦三笠をはじめとする軍艦で多く使用され、十と山の字を組み合わせたような形状から、日本では「十山字型錨」と呼ばれた。ウンペイが描く錨のモチーフは灰色の軍艦色で塗り立てられ、その先に巨大な歯車が配置される。幾何学的な対称性と大胆な対角線構図によって、アールデコ世代の本領を発揮したウンペイの図案は、八枚セットの絵はがき袋にも用いられ、国防と産業博を代表するイメージとなった（絵はがき16）。

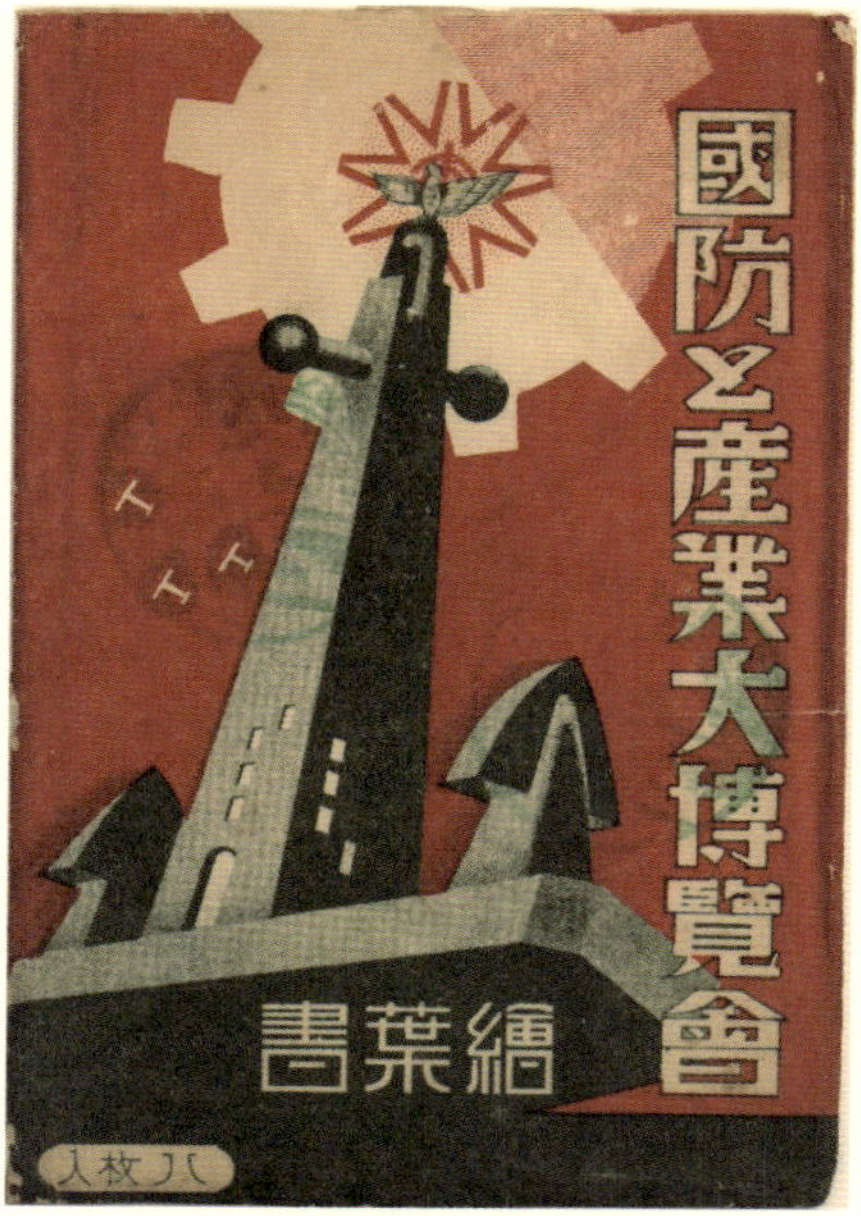

絵はがき16　国防と産業大博覧会絵はがき袋

始政四十周年記念台湾博覧会（一九三五年〔昭和十年〕十月十日―十一月二十八日）

一八九五年（明治二十八年）に始まる日本の台湾統治四十年を記念に実施された博覧会である。一九〇六年（明治三十九年）に三千万円だった台湾の内国貿易は、三三年（昭和八年）に十七倍の五億二千万円に膨れ上がり、最初期の植民地だった台湾は産業の飛躍的発展を遂げた。「南方発展の震源地たる台湾」の成果を内外に示すとともに、政治的には日本の南進政策の促進を企図しての開催だった。時局に鑑みて、台湾は国防上の重要拠点と位置づけられたため、軍事面も強調した内容になっている。

台湾総督府は一九一六年の台北共進会実施後、「始政」を記念した各種の催しを継続してきたが、それらの総仕上げとなる台湾博覧会では、五十日にわたる会期中、島全体が会場と化した。入場者は「蕃人」と呼ばれた台湾先住民約一万人を含む三百万人に迫る勢いであり、予想を超える快挙を成し遂げた。

会場は大きく四つに区分され、第一会場を台北市公会堂一帯（一万三千坪〔約四ヘクタール〕）、第二会場を台北市公園（二万四千坪〔約八ヘクタール〕）に設営し、第三会場の草山分館は台北市郊外の草山温泉と国立公園候補地となった大屯山彙（五千坪〔約一・六ヘクタール〕）をあて、第四会場として台北市大稲埕に分場（四千坪〔一・三ヘクタール〕）を設けた。第一会場には、産業館、林業館、交通土木館、糖業館など台湾の諸産業と商工業の概要を示す展示館が置かれたほか、朝鮮館、満州館の植民地館が設営された。第二会場は、第一・第二文化施設館、東京や大阪、名古屋、北海道などの日本各地の展示館とともに、子供の国や映画館、海女実演館など、余興用の施設が並んだ。第二会場の船舶館は、ベンチレーターを模した柱四本と操舵輪型の屋上装飾によって船舶を再現するという奇抜な外観となり、壁面に椰子の木と頭上に壺を載せて運ぶ女性を描いた熱帯風景を大らかに展開して台湾博らしさを演出した（絵はがき17）。第三会場には、南方館、シャム館、フィリピン館を設け、南方地域進出への期待をあらわにした。第四会場の草山観光館は、台湾と日本内地の名所を伝える観光案内が中心となった。

絵はがき17　台湾博覧会の第二会場船舶館

協賛会が用意した第一回宣伝絵はがきは、博覧会事務局発行の第一次宣伝ポスターの図案を利用して十五万枚を印刷し、各所に配布して好評を得た。オリジナルのポスター図案は映画製作者として著名な塚本閣治が担当し、蒼天にそびえる幾何学的な白亜の近代建築と、曲線を強調した暖色の台湾家屋のコントラストによって鮮明な印象を与えるものになっている（絵はがき18）。

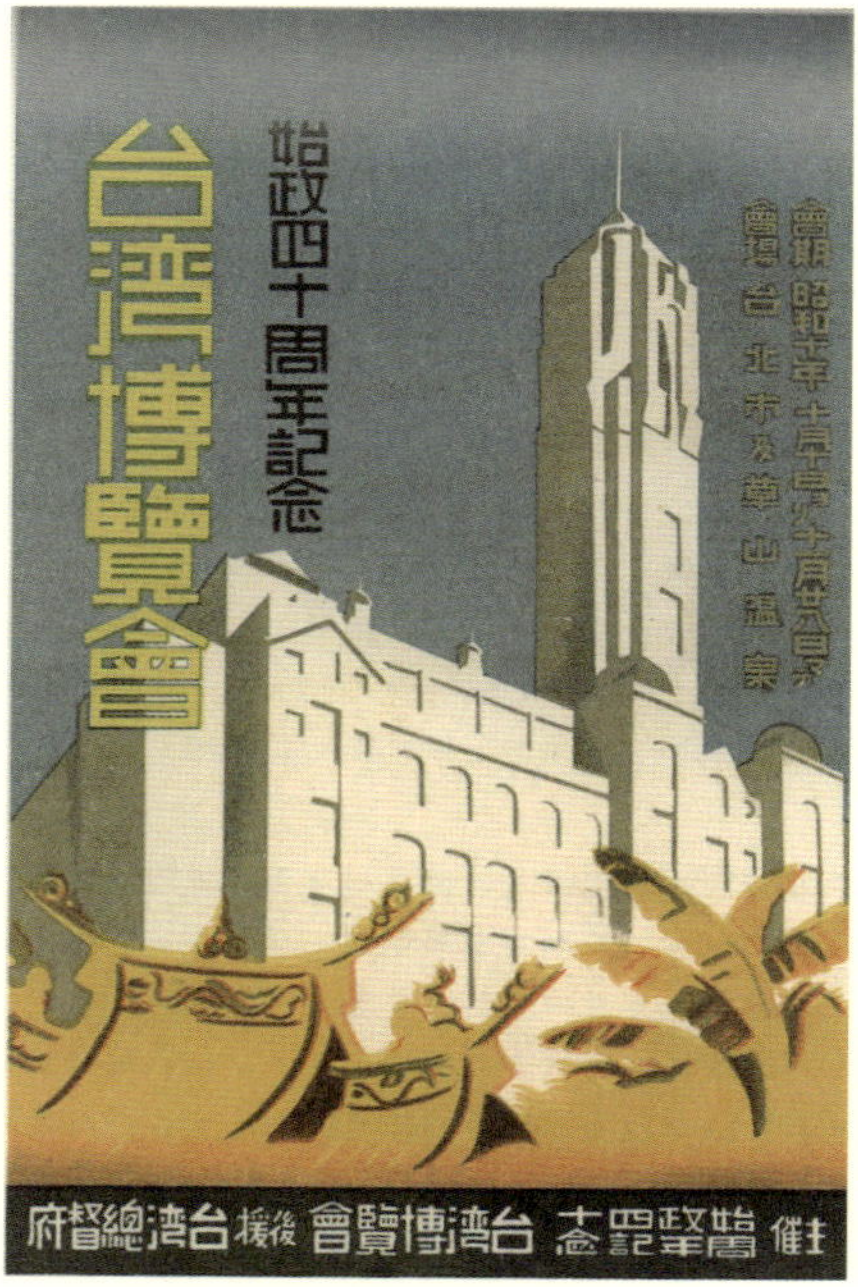

絵はがき18　台湾博覧会の宣伝ポスターを利用
（出典：台湾博覧会協賛会編『始政四十周年記念台湾博覧会協賛会誌』台湾博覧会協賛会、1939年、66ページ）

輝く日本大博覧会（一九三六年〔昭和十一年〕四月十日―五月三十一日）

「大阪毎日」と「東京日日」による新聞社主催の博覧会である。両紙は一九二五年（大正十四年）の大大阪記念博覧会で百八十九万人以上を動員する成功を収め、博覧会運営のノウハウを手に目新しい企画をつぎ込んだ「輝く日本博」を開催した。満州事変後の不穏な戦局を反映して国防と国策振興を表向きのテーマとしながら、アメリカから招聘したグランドサーカスを野外大余興場で無料公開したり、スポーツ館では同年夏開催の第十一回ベルリンオリンピックの情報を紹介したりと娯楽に通じる話題も提供した。「国防」と「余興」を併存させた戦略は評判をとり、「輝く日本」の理想のもとに国威宣揚と帝国躍進を高らかに喧伝する博覧会となった。

第一会場は阪神間の景勝地として名高い浜甲子園を利用し、四万五千坪（約十五ヘクタール）にもわたる大会場をなした。会場全体を描いた絵はがきには、海岸に沿って扇形に広がる第一会場と、後方にそびえる六甲山までが取り入れられ、自然豊かで風光明媚な土地柄をアピールした（絵はがき19）。目玉となる国産館では、繊維・食料・金属・機械・化学・窯業と多様な新興工業製品と輸出品を陳列し、前年に輸出額が急進した日本産業製品の進歩を示すとともに、その優位性を誇示する場となった。「共存共栄」を謳う満州館では、発展する満州の情勢と植民地事業の紹介に重点を置き、国民の対満知識の涵養に努めた。汎太平洋館には、アメリカ、カナダ、ソ連、フィリピンの紹介資料を一堂に集め、貿易振興をねらって新たに開拓すべき市場が披露された。ほかに皇軍館、科学館、機械館、文化館、スポーツ館、演奏館といった多様なテーマの展示館が設営された。一万人収容の大スタンドを囲む野外大余興場では自動車の宙返りや高速オートバイの曲芸が披露され、迫力あるサーカスの出し物が観客を「アッと」驚嘆させたと伝えられる。第二会場の浜甲子園阪神パーク（二万五千坪〔約八ヘクタール〕）、第三会場の六甲ケーブル高山植物園（一万二千坪〔約四ヘクタール〕）までも含めて、海辺と山頂の行楽地を楽しむ博覧会見物の醍醐味を宣伝し、観光誘致に力を注いだ。

絵はがき19　輝く日本大博覧会全景

「輝く日本博」の絵はがきの一枚に、博覧会中央塔と航空機、大型船舶と歯車を掛け合わせた絵柄のものがある（絵はがき20）。開催時の国際情勢を踏まえて、陸・海・空にわたる国防への意識と重工業発展への期待

絵はがき20　輝く日本大博覧会

が込められているように見える。中央宣伝塔には、日の丸に見立てた真紅の円を描き、「輝く日本」が強調される。大洋に向かって出港する巨大な船舶を描き、臨海部に位置する浜甲子園の地域性とも結び付くこの図案は、繁栄する港湾都市の姿を強く印象づけたにちがいない。隅に「六平」のサインがあることから、作者は商業美術連盟創立メンバーの小畑六平。小畑制作の宣伝ポスターの転用だろう。近代的なイメージを凝縮した小畑の図案は、このほか、博覧会案内記の裏表紙や入場券と要所に登場した「輝く日本博」のシンボルだった。

高山本線開通記念日満産業大博覧会（一九三六年〔昭和十一年〕四月十五日―六月二十日）

一九三二年（昭和七年）の満州国独立に伴い、日満貿易の振興と両国の親善の必要が叫ばれ、中国大陸に対峙する北陸地方は「日本海時代」へと突入した。日本海の中心に位置する富山県は満州と最短距離で結ばれることに加えて、高山本線開通も追い風となり、満蒙貿易の要所として名乗りをあげる。この時運を最大限に生かすべく、富山県は対岸貿易拓殖振興会を設立するとともに、満蒙輸出組合（後に東亜輸出組合に改称）を組織し、挙県一致で満鮮地方との貿易拓殖促進に万全の準備を整えた。主催の富山市は、博覧会開催を契機に都市計画事業を進展させ、立山黒部の山岳地帯とその地勢が生む水力発電の「水電王国」を誇り、観光誘致と工業県富山の周知に力を注いだ。

同博覧会は神通川廃川地を会場とし、富山市中心部を流れる松川と交差する桜橋通り、宮下橋通り、塩倉橋通りによって大きく三つに区分された。双塔の正門を入った広大な区域には、博覧会の象徴たる日満記念館、緊密な対岸関係にある満州館、朝鮮館、台湾館の植民地館をはじめ、高山本線でつなぐ愛知名古屋館のほか、電気館、電気と工業の館、動力機械館といった電気王国富山ゆかりの館が集結した。富山県館横の陸橋を渡った東側の区域には、国防館、鉄道館、航空館が並び、「萬国街」と呼称した外国余興場は極彩色の布でエキゾチックな気分を漂わせ、三十メートルの高塔からの「ファイア・ハイ・ダイビング」などの余興を提供して博覧会の呼び物と

絵はがき21　日満産業大博覧会の本館

絵はがき22　日満産業大博覧会の暑中見舞い用絵はがき

した。場内の北西を占める一角には、建坪千二百八十二坪（約〇・四ヘクタール）の本館のほか、演芸館、京都館、観光奈良館が並ぶ。両翼をU字型に広げた本館は、左右に華麗な装飾塔二基をもち、菊花・蘭花を模様化した浮彫も鮮やかに、ネオンサインやスポットライトの電飾による夜間照明で装飾された（絵はがき21）。

本館を正面から描いたこの絵はがきの図案は、博覧会事務局が開会式で配布した来賓贈呈用特製記念絵はがきの建築写真に基づいており、写実をねらった建物の描写に独特の静謐さが付与されている。このほか、開催前に配布する宣伝用絵はがきも積極的に活用された。薬都富山が有する全国の売薬配置先を利用して、暑中見舞い用、年賀用、贈呈用の各種絵はがきを頒布し、博覧会開催周知の役割を担った。暑中見舞い用宣伝絵はがきは、甲乙の二種を用意して三十万枚（各十五万枚）配布したところ、富山を代表する売薬会社廣貫堂一社で十万枚を消化したという。本書掲載の図版は暑中見舞い用の乙種である（絵はがき22）。残念ながら現物不明のためモノクロ版での掲載となったが、あえて簡潔な意匠にこだわり、強烈な赤を基調とする単純な二色刷りで宣伝効果をねらったという。宣伝振作のかいあってか、入場者数は九十一万三千三十人と百万に迫る勢いであり、予想外の盛況だったと伝えられている。

岐阜市主催躍進日本大博覧会（一九三六年〔昭和十一年〕三月二十五日―五月十五日）

鵜飼いで名高い長良川と金華山麓一帯五万坪（約十六・五ヘクタール）の名所を利用し、観光促進と地域振興を企図して岐阜市が主催した博覧会である。開催期間は春陽から新緑のころ、岐阜が誇る景勝地での開催とあって、会場一帯は「千紫万紅、絢爛豪華な大絵巻」と謳われた。岐阜県および岐阜市館、愛知名古屋館、翼を広げる鵜の姿を大胆に造形した郷土館（絵はがき23）と、地域と関連が深い展示館のほか、産業本館、国防館、近代科学館、観光館、教育健康館、宗教館、民芸館などの一般的な展示館を各種設けている。植民地各地にも出品誘致をおこない、満州館、朝鮮館、台湾館と当時の博覧会で通例になった植民地館も顔をそろえた。逓信館、煙草専売館、ラジオ館などを含めると展示館の数は三十数館に及んだ。戦禍により資料が消失したため詳細は不明な部分が多いものの、写真絵はがきには、キリンビール、アサヒビール、富国徴兵保険相互会社などの企業広告塔が乱立し、商業的色彩を強く感じる会場風景が残されている。

この「躍進博」では外国余興館のドイツ人人間大砲、ノルウェー人による空中ぞりなどの余興が人気を博したほか、演芸館での華陽芸妓の舞踊、タバコ製造実演、テレビジョンの公開も呼び物となった。会場内にある忠節用水での鵜飼いの実演は、岐阜市ならではの催しとして大いに宣伝され、鵜飼いのモチーフは博覧会の各場面で重宝された。記念スタンプ数種に鵜が意匠化されたほか、宣伝用の絵はがきには、舟首に篝火をつけた鵜舟二隻

絵はがき23　躍進日本大博覧会の郷土館

絵はがき24　躍進日本大博覧会の宣伝用絵はがき

が鵜を伴って長良川を進む様子が描かれている（絵はがき24）。鵜舟が進む先にはイルミネーションで彩られた博覧会場と瀟洒な高塔が姿を見せ、幻想的な風景が旅情をそそるものの、会期中は鵜飼いの夜間実演はおこなわれず、もっぱら昼間に実施されたようだ。いずれにしても豊富な観光名所の宣伝が奏功して、入場者数は百九十五万二千三百六十三人と大いににぎわい、岐阜市商工業の振興に寄与した。

同じ地方博である富山市の日満産業大博覧会（同年開催）が、満州、朝鮮との対岸貿易の発展を主眼としたのに対し、内陸部の岐阜市主催の躍進博では植民地との貿易振興よりも地域商工業の発展に力点が置かれている。非常時を踏まえ、「産業報国」「商業報国」をモットーに、銃後の経済活動の活性化こそが博覧会事業の焦点だったことがうかがえる。満州事変後の国内の博覧会では、もはや植民地館は内地各府県と同様に定番化したパビリオンとして、至極当然に会場に設営されていた。岐阜市躍進博と植民地との関係は、台湾館から逃げ出したタイワンリスが金華山で野生化し、その後の金華山リス村のタイワンリスとして観光地の呼び物となった由来として、わずかに痕跡をとどめている。

注

（1）宮武公夫「黄色い仮面のオイディプス——アイヌと日英博覧会」「北海道大学文学研究科紀要」第百十五号、北海道大学、二〇〇五年、山路勝彦「満洲を見せる博覧会」「関西学院大学社会学部紀要」第百一号、関西学院大学社会学部研究会、二〇〇六年

参考文献

内ケ崎作三郎『英国より祖国へ』北文館、一九一一年
木下卓「幻想としての日本／イギリス――日英博覧会（一九一〇）と庭園文化をめぐって」、野田研一編著『〈日本幻想〉――表象と反表象の比較文化論』所収、ミネルヴァ書房、二〇一五年
國雄行『博覧会と明治の日本』（歴史文化ライブラリー）、吉川弘文館、二〇一〇年
呉市編『呉市主催国防と産業大博覧会誌』呉市、一九三六年
坂本重英編『明治記念拓殖博覧会報告』明治記念拓殖博覧会、一九一三年
朝鮮総督府編『朝鮮博覧会記念写真帖』朝鮮総督府、一九三〇年
岐阜商工会議所編『岐阜商工五十年史』岐阜商工会議所、一九四〇年
朝鮮博覧会京城協賛会編『朝鮮博覧会京城協賛会報告書』朝鮮博覧会京城協賛会、一九三〇年
津金澤聰廣／山本武利監修、林恵玉編・解説『始政四十周年記念台湾博覧会協賛会誌』（「復刻版近代日本博覧会資料集成・植民地博覧会」1、「台湾」第二巻）、国書刊行会、二〇一二年
津金澤聰廣／山本武利監修、林恵玉編・解説『始政四十周年記念台湾博覧会誌』（「復刻版近代日本博覧会資料集成・植民地博覧会」1、「台湾」第一巻）、国書刊行会、二〇一二年
津金澤聰廣／山本武利監修、林恵玉編・解説『始政四十周年記念台湾博覧会写真帖』（「復刻版近代日本博覧会資料集成・植民地博覧会」1、「台湾」第三巻）、国書刊行会、二〇一二年
津金澤聰廣／山本武利監修、川崎賢子編・解説『大連市催満洲大博覧会協賛会誌』（「復刻版近代日本博覧会資料集成・植民地博覧会」2、「満州」第二巻）、国書刊行会、二〇一三年
津金澤聰廣／山本武利監修、川崎賢子編・解説『大連勧業博覧会誌』（「復刻版近代日本博覧会資料集成・植民地博覧会」2、「満州」第四巻）、国書刊行会、二〇一三年
津金澤聰廣／山本武利監修、川崎賢子編・解説『大連勧業博覧会記念写真帖』（「復刻版近代日本博覧会資料集成・植民地

博覧会」2、「満州」第五巻)、国書刊行会、二〇一三年
津金澤聰廣/山本武利監修、川崎賢子編・解説『大連市催満洲大博覧会誌』(「復刻版近代日本博覧会資料集成・植民地博覧会」2、「満州」第一巻)、国書刊行会、二〇一三年
津金澤聰廣/山本武利監修、川崎賢子編・解説『満洲風物写真帖/満洲大博覧会案内/風薫る大連と満洲大博覧会』(「復刻版近代日本博覧会資料集成・植民地博覧会」2、「満州」第三巻)、国書刊行会、二〇一三年
富山市主催日満産業大博覧会編『富山市主催日満産業大博覧会誌』富山市役所、一九三七年
日満産業大博覧会協賛会編『富山市主催日満産業大博覧会協賛会誌』日満産業大博覧会協賛会、一九三八年
農商務省『日英博覧会事務局事務報告』上・下、農商務省、一九一二年
朴美貞「植民地朝鮮の博覧会事業と京城の空間形成」「立命館言語文化研究」第二十一巻第四号、立命館大学国際言語文化研究所、二〇一〇年
長谷川如是閑「日英博覧会」、朝日新聞記者編『欧米遊覧記――第二回世界一周』所収、朝日新聞、一九一〇年
山路勝彦『近代日本の植民地博覧会』風響社、二〇〇八年
山路勝彦「日英博覧会と「人間動物園」」「関西学院大学社会学部紀要」第百八号、関西学院大学社会学部研究会、二〇〇九年
吉見俊哉『博覧会の政治学――まなざしの近代』(中公新書)、中央公論社、一九九二年

博覧会と写真

高橋千晶

写真絵はがき——記録・報告するメディア

一八五一年、世界初の万国博覧会がロンドンで開催されたとき、当時最先端の技術だった立体写真がみやげ物として販売された。専用のビューアーを覗くと、会場となったクリスタルパレスの全容や内観を立体視できる装置である。写真の発明が公式にアナウンスされた一八三九年からおよそ十年を経て、人々はそれまでにない〈見る〉体験に熱狂した。〈見る〉ことへの欲望を駆り立てた十九世紀、新しい視覚体験を約束する「博覧会」と「写真」は歴史的必然として誕生し、相互に補完しながら十九世紀後半から始まる「博覧会の時代」を築き上げた。

まず写真は、博覧会の記念絵はがきに登場し、記録・報告するメディアとして活躍する。その延長として閉会後に出版される「博覧会誌」への掲載や、「博覧会記念写真帖」の出版にいたる場合もある。ここでは博覧会絵はがきに登場する写真に注目してみよう。博覧会の写真絵はがきは、写真をそのまま印刷したものと、写真と図案を混在したものの二種に大別できる。写真の周囲に絵画的意匠を添えたり、背景に統一性のある図案を置き、そこに複数の写真を小窓のように挿入したりする技法には、一八九〇年代（明治二十年代）から雑誌メディアで盛んになった口絵写真との結び付きが感じられる。初期の雑誌の口絵写真もまた、その周囲を意匠や挿絵で華やかに彩る手法を取り入れていた。こうした工夫は写真の精度が印刷に堪えるほど高くなく、モノクロ写真の味気なさを補うために必要とされたのだろう。それでもなお初期の雑誌口絵に写真が求められたのは、現実世界と物理的な因果関係をもつ「痕跡」としての写真のあり方が、美的快楽とは異なる〈見る〉欲望を喚起したからである。かつてスーザン・ソンタグが「プラトンの洞窟で」（『写真論』近藤耕人訳、晶文社、一九七九年）で述べたように、「写真を所有することは世界を所有する」ことであり、写真が切り取る「現実」を目撃し、手のなかに収めることは、人々に特別な体験を付与するものになった。

　コロタイプ印刷によって精巧な写真の複製が可能になった絵はがきにも、こうした装飾図案は継承された。博覧会を撮影した写真には、華麗な装飾図案の助けを借りて、近代的な建造物や驚嘆すべき余興の数々、植民地の

絵はがき1　東京大正博覧会工業館、1914年

絵はがき2　チャロモ族の女性とこどもたち
（「朝鮮博覧会記念　我が南洋」絵はがきセット、服部重信堂発行、1929年）

異文化の展示をきらびやかに伝えたもののほかに、観客でにぎわう会場の様子を大きく写し臨場感をもって報告するものもある(絵はがき1)。いずれの場合も、写真は会場内の出来事を伝えるものだった。一方で、明治拓殖記念博覧会の「北海道土人風俗絵葉書」(北海みやげ石川商店発行)や朝鮮博覧会の「我が南洋」のような、博覧会場の記録とは別種の写真絵はがきセットも販売された(絵はがき2)。「北海道土人風俗絵葉書」には、アイヌの人々の風俗を現地やスタジオで撮影した写真が登場し、「我が南洋」では、サイパン、パラオ、トラック島という日本占領下の南洋諸島の風景や現地での人々の暮らしが十六枚の写真絵はがきに写し出された。現地を写した写真絵はがきでは、それ自体が博覧会場での展示と同様に植民地事情を紹介し、日本が進める植民地化政策の成果を知らしめる役割をも担ったのである。

写真壁画――宣伝・扇動するメディア

博覧会と写真の関係は、一九三〇年代に「写真壁画」が流行することによって変化を遂げる。写真壁画とは、複数の写真を引き伸ばしたりモンタージュしたりすることによってダイナミックな視覚体験を可能にし、写真サイズの大小やレイアウトによって制作者が意図するメッセージを効果的に伝える手法として、両大戦間期にプロパガンダや広告宣伝に積極的に使われた表現形式である。写真壁画に集約された写真の塊は、それ自体が何らかのメッセージを発信することを期待され、博覧会の催しの一つとして独立した存在感をもつことになった。

日本が写真壁画をはじめて博覧会に出品したのは、一九三七年のパリ万博においてである。出品は三種類あり、国際文化振興会の『日本の学校生活』と『日本の住生活』、鉄道省国際観光局の『観光日本』がそれにあたるが、構成に原弘と河野鷹思、撮影は木村伊兵衛、渡邊義雄、小石清と、戦前・戦後の写真・デザイン界を代表する錚々たる顔ぶれが集っている。なかでも『観光日本』は日本の写真壁画の嚆矢に位置づけられる。高さ二・一メートル、幅十八メートルにも及ぶ『観光日本』は、東京日日新聞社と観光局所蔵のネガから選定した五十三枚をモンタージュして制作されたもので、パリ万博日本館内部の壁画を埋める大作となった。その内容は、鎌倉大仏に奈良公園の鹿、富士山に宮島といった観光名所と、舞妓や和服姿の女性という定番の日本イメージに偏り、相変わらずの「フジヤマ・ゲイシャ」の繰り返しと批判も受けた。四〇年に開かれたニューヨーク万博の写真壁画は国際観光局から出品され、構成を山脇巌、撮影を土門拳が担当した。ニューヨーク万博でも『秀麗富士』『観光日本』と伝統を強調した写真壁画が登場する一方で、同時代の日本社会を快活にとらえた『躍進日本』『科学日本』も同時に出陳されている。伝統と革新の両面を示すことによって多角的に日本を宣伝し、観光誘致、貿易振興、反日感情の一掃という時局の課題に応じる構成になっている。

紀元二千六百年と始政三十周年を記念して京城で開催された朝鮮大博覧会(一九四〇年)でも写真壁画が出陳されている。内閣情報部監修のもと国際文化振興会が制作した『輝く日本』写真壁画は、展示館の一つ「輝く日本館」の全壁面を覆い尽くした。そこには、「教育」「体育」という国民生活、「農業」「漁業」「紡績」「重工業」にいたる産業界の状況、「航空」「陸上交通」「海運」という交通網の整備、「国防」「大陸開発・南方発展」「貿易」といった国際関係に加えて、東京の近代建築をモンタージュした「都会」など現代日本の国力を誇る二十以上のテーマが展覧された。

戦前の博覧会での日本の写真壁画は、国際的な舞台となる万博では観光誘致と貿易振興を目標に、後進的で受動的な日本イメージを積極的に利用した。一方の植民地博覧会では、先進的・能動的な日本の姿を強調することによって、国威発揚と植民地化政策の万全な遂行が目指されたのである。

参考文献

仁木正一郎「万国博覧会と壁画写真」「フォトタイムス」第十六巻第三号、フォトタイムス社、一九三九年

新井良一「伸縮遠近法・国際文化振興会の朝鮮大博覧会写真壁画製作出品について聞いたまゝ」「フォトタイムス」第十

七巻第九号、フォトタイムス社、一九四〇年
「皇紀二千六百年施政三十年記念朝鮮大博覧会 出陳写真壁画 輝く日本」同誌
林三博「結合の逆説――写真壁画による対外宣伝の混濁と失効」「情報学研究：学環――東京大学大学院情報学環紀要」第七十二号、東京大学大学院情報学環、二〇〇七年

博覧会と戦争

福間良明

戦時期といえば、どこかしら暗い印象があるのではないだろうか。しかし、この時期は多くの博覧会が開かれた時代でもあった。博覧会は祝祭性を帯びるがゆえに、戦時になじまないように思う向きもあるだろう。だが、日中戦争勃発以降でも、国民精神総動員国防大博覧会（一九三八年）、支那事変聖戦博覧会（一九三八年）、大東亜建設博覧会（一九三九年）、国防科学大博覧会（一九四一年）、決戦防空博覧会（一九四三年）などが開かれている。では、戦時下にもかかわらず、なぜいくつもの博覧会が開催されたのか。それはどのようなものだったのか。

戦意高揚と博覧会

容易に想像できるように、これらは戦争遂行を後押しするものだった。国民精神総動員国防大博覧会（日本博覧会協会主催）の開会目的には、国民の「国防知識を涵養」し、「軍民一致の国防完成」を実現することが挙げられている（『国民精神総動員国防大博覧会開設誌』日本博覧会協会、一九三八年）。支那事変聖戦博覧会（朝日新聞社主催）も、同様の開催趣旨だった。折しも日中戦争が泥沼化し、戦死者・戦傷者の増加や統制経済に対する社会的な鬱屈が積もりつつあった。そうしたなか、厭戦気分を払拭すべく、これらの博覧会が催された。

しばしば新聞社が主催したことも興味深い。支那事変聖戦博覧会を主催した朝日新聞社は当時、「週刊朝日」「アサヒグラフ」で「事変」の推移を大きく扱っていた。一九三七年十二月の南京陥落の折には、号外をたびたび発行しただけでなく、それを記念した「二六機の祝賀大飛行」「一千名の音楽大行進」という祝賀イベントも挙行した（一九三七年十二月十二日）。当時、朝日新聞社は出版部門を拡充し、雑誌だけでなく書籍の刊行も急速な伸びを見せていた。そのなかに多くの「時局もの」が含まれていたことは言うまでもない。支那事変聖戦博も、これら出版活動を後押しするものだった。

擬似戦場体験のメディア

その意味で、戦時博覧会は戦意高揚映画や戦時ポスターといったプロパガンダのメディアと重なるものだった。だが、むしろ重要なのは、それらとの相違である。国民精神総動員国防博覧会では戦況の推移をジオラマで表現し、「陸海軍貸下げの新鋭兵器、飛行機、軍用施設物、決死隊将士の遺品、戦利品」などが配置されたほか、「照明の外に電動および擬音装置」が施された（前掲『国民精神総動員国防大博覧会開設誌』）。支那事変聖戦博覧会では実物大のトーチカや地下要塞、土嚢陣地が設置され、女性を含む銃後の来場者たちは、腰をかがめながらそれを通り抜けていた。そこに浮かび上がるのは、博覧会が擬似的な戦場体験を可能にしていたことである。

兵器の実物展示や陣地・トーチカのレプリカ設置は、「ニュース映画に依るとは又その趣を異にするところの実感を、観覧者に湧かしむる」（朝日新聞社編『支那事変聖戦博覧会大観』朝日新聞社、一九三九年）ことを促した。博覧会は、二次元のスクリーンではなく、三次元（ジオラマ・実物の兵器）でもって、銃後の国民に身体的な擬似戦場体験を促すメディアであり、それは、視覚に限定された映画やポスターなどとは異質なものだった。

とはいえ、これらの博覧会は、戦場を擬似体験するだけの場ではなかった。それは同時に、戦場の「真正さ」に出会う場でもあった。博覧会では戦没者の遺品が多く展示されたが、これらは「実物」であるがゆえに、アウラ（ヴァルター・ベンヤミン）を放つものだった。

一般に、近代のメディアは複製技術に依拠している。映画にせよ新聞にせよ、その流通は紙面やフィルムの複

絵はがき1　輝く日本大博覧会（1936年）

製によって可能になる。いわば、大量のコピーが撒き散らされているのが、近代のメディア環境であるわけだが、博覧会はそれとは異なり、しばしば「実物」を展示する。複製メディアにはないアウラのようなものも、ときに喚起される。そこでは、『支那事変聖戦博覧会大観』は、遺品展示に言及して、「殊勲を物語る品を展観し銃後に絶大なる感銘を与へ赤誠の喚起に貢献した」ことを記している。実際にどの程度「赤誠の喚起に貢献した」かはさておき、これらの博覧会は、戦場や戦死者のアウラを見る者に喚起する点で、ほかのメディアとは異質であった。

「聖戦」の綻び

ただ、これら戦時博覧会で、もう一つ見落とせないことがある。それは、しばしば、聖戦イデオロギーの綻びが見られたことである。むろん、これらの博覧会は、国民の戦意高揚を促そうとするものではあったが、残された資料を細かく見ていくと、ときに来訪者に逆の解釈を促す側面もあった。「東京朝日新聞」（一九三八年五月四日付）は、富山から来たある観覧者が支那事変聖戦博の展示写真のなかに戦死した弟の姿を見つけ、「涙にくれてゐ」たことを報じている。国防博覧会でも、戦死した肉親の搭乗機が展示されていることに遺族が気づき、涙にくれていたことがあった。新聞もこれについて、「国防博に哀しき無言劇 亡夫の愛機と語る妻」「泣くは荒鷲の妻と子 博覧会場・胸うつ一景」といった見出しで報じていた（「東京朝日新聞」「読売新聞」一九三八年四月二十九日付）。人々は、博覧会の「聖戦」のスローガンに酔っていただけではない。戦没した近親者の何らかの面影を求めて来訪したり、彼らの往時を偲ぶことも珍しくなかったのである。

これもまた、博覧会が放つアウラによるものでもあった。展示された戦闘機や遺品は、まさに「実物」のアウラを放つがゆえに、人々はときに戦没した近親者の死の現場を想起した。むろん、これらの展示物は聖戦熱を煽るべく配されたのであり、実際にそう機能したことも少なくはなかった。だが他方で、遺品のアウラは、見る者を国家的・公的な空間から引き剝がし、私的な追悼・追憶の空間に閉じ込める機能も有していた。アウラは博覧会を、戦勝・進軍に高揚する祝祭空間から、私的な悲嘆にひっそりと浸る喪の空間へと転じさせていたのである。

だからといって、戦争遂行に対する明確な疑念が生じたり、批判的な観点が生まれたわけではあるまい。だが、少なくとも、博覧会での現物のアウラは、ときに見る者を「聖戦」の高揚感から引き離し、遺品とそれをまなざす者との閉じた悲嘆の一体感を生み出した。そこには、私的領域に対する国民国家の公的な暴力の存在を感知させる、かすかな契機も宿っていたのではないだろうか。

絵はがき2　国防と産業大博覧会「国防戦史パノラマ館」(1935年)

第3章　家庭と消費文化

前川志織

明治末期から昭和前期にかけて、大量の商品を消費する場を提供し躍進を遂げた百貨店に象徴されるように、都市を中心に商品があふれる消費文化が花開いた。博覧会はこの消費文化の浸透に大きな役割を担うことになる。とりわけ百貨店や新聞社、電鉄会社は博覧会を活用し、観客に新しい消費生活――最新の商品をいかに消費するか――を伝授しようとした。そのターゲットの中心となったのが都市新中間層――教員、官公吏、サラリーマンなどで構成されるホワイトカラー層で、一定の学歴をもちモダンなライフスタイルを理想とした――である。こうして博覧会は、都市新中間層の私生活を営む場であり消費生活の舞台でもある「家庭」、その担い手である「婦人」、その象徴的な存在である「子ども」に照準を合わせて消費文化を演出することになる。本章では、一九〇七年（明治四十年）の東京勧業博覧会から三六年（昭和十一年）の日本婚礼進化博覧会までの八つの博覧会が、消費生活をどのように展示し何を伝えようとしたかについて絵はがきとともに紹介する。

東京勧業博覧会（一九〇七年〔明治四十年〕三月二十日―七月三十一日）

東京勧業博覧会は一九〇七年（明治四十年）、およそ四カ月の期間、東京府の主催により上野公園と不忍池畔で開催された。動員数は六百八十万二千七百六十八人を数えた。

この博覧会の目的は、第三回内国勧業博覧会（一八九〇年〔明治二十三年〕、上野公園）から日露戦争を挟み十七年ぶりに東京で博覧会を開催するにあたって、首都での産業・文化の発展を示すことにあった。さらに、一九〇七年に計画が立ち上がった日本初の万国博覧会（当初一九一二年開催を予定したが、その後計画は中止となる）成功への架け橋となるべく、東京府単独で内国博と同様の規模の博覧会を実施することになった。

会場は上野公園の竹の台を中心とした第一会場、不忍池畔の第二会場、帝室博物館西側にある第三会場の三つ

絵はがき1　東京勧業博覧会　正門

絵はがき2　東京勧業博覧会　三越呉服店と外国館

である。第一会場には第一号館から第五号館、美術館や植物温室が並び、観覧車も作られた。第二会場には台湾館や外国館、機械館のほか、三菱館などの企業館や各府県の売店が並んだ。また、不忍池にはウォーターシュート（小舟が傾斜を滑り落ち着水する遊具）や観月橋が設けられた。観覧車やウォーターシュートに水族館、夜間のイルミネーションが人気を呼ぶなど、第五回内国勧業博覧会（一九〇三年〔明治三十六年〕、大阪）同様、娯楽色が打ち出された博覧会となり大成功を収めた。

絵はがきを手掛かりに、この博覧会の特色を見てみよう。絵はがき1を見ると淡いピンクのユリが映えるアールヌーボー調のデザインに、第一会場正門の光景を写したコロタイプ写真が金色に縁取りされた円形にはめ込まれている。写真にはこの正門に向かって押しかける大勢の人々が写っている。東陽堂編『東京勧業博覧会図会第一編』（「風俗画報」第三百六十号増刊、東陽堂、一九〇七年）には、博覧会初日に入場者が群衆となって押し寄せ、警備員も彼らを統御できず、結果入場者の怒号や悲鳴が響くほどの混乱となったことが記されている。この絵はがきの下部には「恵比寿・札幌・旭麦酒醸造元　大日本麦酒株式会社」とあり、大日本麦酒が自社の広告を兼ねて作った絵はがきであることがわかる。

三越呉服店の広告を兼ねた絵はがき2は、同店店内と思われる写真と不忍池越しに浮かぶ外国館の写真がはめ込まれたものだ。ここでも和風の図案に基づきながらもアールヌーボーの雰囲気をもつデザインが施されている。三越は博覧会の記念と店のＰＲを兼ねた絵はがきを数種類作ったほか、絵はがきとよく似たデザインで、三越呉服店・東京名所見物案内・博覧会見物案内を載せた三越呉服店編集『東京と博覧会』（三越呉服店、一九〇七年）という小冊子を、博覧会見物で上京した人々向けに発行している。

全国子供博覧会（一九〇八年〔明治四十一年〕十月一日―二十一日）

全国子供博覧会は一九〇八年（明治四十一年）、三週間の会期で、福岡県や福岡市、地域の商業会議所、新聞社が主唱者となり福岡・博多で開催された。動員数は十五万一千六百二十人を数えた。

この博覧会の目的について、「大阪毎日新聞」（一九〇八年十月四日付）によると、福岡県商工課長が発起人の一人となり、福岡市博多地域を盛り上げようと児童用具陳列会を企画したのがその発端で、やがて地域の教育関係者やマスコミ関係者を巻き込み、ひいては九州地域だけでなく全国を対象に子どもを取り巻く品々の出品を募る博覧会になったという。この博覧会は、福岡が近代都市として発展する端緒となった第十三回連合共進会（二年後の一九一〇年に開催）のプレ・イベントとしても位置づけられていた。全国子供博覧会が子ども向け商品を対象として企画された背景として、一九〇六年に東京で初めて「子ども」をテーマに博覧会が開催され、続けて

絵はがき3　全国子供博覧会　第一会場・東中洲共進館

参考　全国子供博覧会
（出典：「大阪毎日新聞」1908年10月4日付）

大阪、京都と相次いで同様の博覧会が開かれ注目を集めたことが挙げられる。

会場は福岡市中心部の那珂川沿いで、東中洲共進館を第一会場、福岡県物産陳列場を第二会場とし、那珂川水上に遊覧船十隻あまりが両会場を往来し人気を集めた。第一会場の本館には大丸出品の人形、博多人形、衣服、食品などがにぎやかに展示された。そのほか記念絵はがき店などの売店が並び、本館裏手には京都から取り寄せたメリーゴーラウンドやろう人形館、会場横には活動写真や動物園が設けられた。デンデン太鼓や音符記号で愛らしく装飾された第二会場の入場門をくぐり物産陳列場に入ると、白木屋出品の人形のほか運動具や玩具、反物などが展示されていた。陳列場裏庭には音楽堂や運動場、その横には水族館も設けられた。夜間にはガス・電気会社の協力でイルミネーションがともされ、にぎわいに色を添えた。この博覧会は、二年前の大阪や京都の子供博覧会に匹敵する規模のものとなった。

絵はがき3を見ると、絵のなかに第一会場・東中洲共進館の写真が花びらの形にはめ込まれている。この木造による白亜の西洋館は一八八七年の第五回九州沖縄八県連合共進会のために県が建設したものだった。この写真の周りには出品物の子どもならではの玩具や運動具——デンデン太鼓、動物・兵隊・桃太郎の人形から、野球道具、汽車、手鞠にいたるまで——が「霞石」という画号の人物の手による挿画で添えられている。博覧会に合わせて作られた唱歌の歌詞にも桃太郎、手鞠、博多人形といった言葉が並んでいて、これらの玩具類がこの博覧会を象徴したことを伝えている。実際の出品物は博覧会の主旨に沿う優れたものが多かったものの、なかには子ども向けとはいいがたい粗悪品などが含まれていたようである。

第一回児童博覧会（一九〇九年〔明治四十二年〕四月一日—五月三十一日）

第一回児童博覧会は一九〇九年（明治四十二年）、およそ二カ月の会期で、東京・三越呉服店の主催により三越本店旧館の広場を利用して開催された。動員数は不明であるものの、PR誌「みつこしタイムス」臨時増刊第七巻第八号（三越呉服店、一九〇九年）の「児童博覧会」特集に掲載された開会初日の混雑の記事、多くの観衆が写る会場写真、また各マスコミからの注目を伝える記事などから、相当の動員があったことが推察される。その後三越呉服店は、第九回（一九二一年〔大正十年〕）まで児童博覧会を催している。

この博覧会は百貨店主催による博覧会の嚆矢だったが、その目的は子どもが作った作品ではなく子どもの必需品――衣服、調度、教育品、玩具類など――を網羅的に収集・展示することにあった。博覧会開設趣意書には、「明治今日の新家庭中に清新の趣を添へんことを期する」と記されていることから、子どもとその親からなる「家庭」に子ども向け商品の需要を促すことで、彼らを百貨店の新たなマーケットに取り込むことを企図したと

絵はがき4　第1回児童博覧会　動物園

参考　第1回児童博覧会　少年音楽隊
（出典：「みつこしタイムス」臨時増刊第７巻第８号、三越呉服店、1909年、国立国会図書館所蔵）

考えられる。また博覧会開設にあたって児童文学者・巌谷小波、農学博士・新渡戸稲造、東京美術学校教授・黒田清輝ら各界の有識者がメンバーとして名を連ねていることで、三越が有識者との意見交換から経営のアイデアを引き出す「学俗協同」の理念のもと、販路を拡大するメディアとしての博覧会に注目したことがうかがえる。

主会場は、東京本店旧館の広場に仮設されたゴシック風の建物で、教育、美術、服飾、音楽、工芸などの部門が並び、購入可能な商品も多かったようである。この建物に面した中庭には、噴水や動物園が設置され、建物向かいにはスイスの湖水風景の壁画に覆われた演芸館などがあった。博覧会会期中の催しとして、素人《しろうと》少年がスコットランドの民族衣装風の出で立ちで演奏を披露する三越少年音楽隊が結成され人気を集めた。

絵はがき4では、抽象化された花模様をリズミカルに構成することで、円形の写真を目立たせているが、その写真には、樹々が配された中庭の動物園用柵のなかにクマとおぼしき動物が確認できる。「みつこしタイムス」臨時増刊には動物園の解説として「昔より仲悪しきものの一として数へられたる犬、猿、熊、猫さへ一所にありて遊戯する様の可笑しさは最も喝采を博したり」と記され、「児童博覧会人気競べ」と称された番付表には動物園が東の大関に格付けされ、西の大関には少年音楽隊が並んでいる。

東京文化博覧会（一九二五年〔大正十四年〕九月十五日―十月十四日）

東京文化博覧会は一九二五年（大正十四年）、およそ一カ月の期間、三越呉服店の主催により東京・三越本店東館四、五階で開催された。百貨店内での開催ということもあって動員数は不明である。

この博覧会は西館修築完成記念の催し物として大々的に企画された。百貨店内では大売り出しや美術展など常時催し物が開催されたが、この博覧会は西館修築完成と新宿分店新築完成記念が重なったこともあり、三越が特別に力を入れて企画したものだろう。杉浦非水の表紙絵によるPR誌「三越」（第十五巻第十号、一九二五年）にはその紹介ページが設けられている。同誌によれば、展示品は、「風俗人形」「参考品」「江戸東京名所風俗画」

の部門からなり、なかでも最大の目玉は「風俗人形」で、「数ある展示品のなかで異彩を放つ」と形容された。その内容は、江戸から東京への風俗変遷を表した人形を配置したジオラマ展示で、江戸から大正時代の風俗をあしらった八場面に仕立てられていた。「参考品」では華族などから借用した江戸・東京にちなんだ衣装や美術品、地図などが展示され、「江戸東京名所風俗画」では鏑木清方や安田靫彦ら日本画家たちが江戸・東京の名所風景や風俗を描いた新作を展示した。演芸館では、江戸情緒豊かな長唄や常磐津、落語、曲芸、活動写真など数々の余興を催し、会場をもり立てた。また「売品」コーナーが百貨店ならではの充実ぶりで、博覧会のテーマ「江戸趣味」のものを呉服から雑貨——唐桟縞、八端織などの着尺地、同じ布地の袋物や玩具——にいたるまで特別に

絵はがき5　東京文化博覧会「夏の夕暮 文化文政頃」

絵はがき6　東京文化博覧会「大正の新装（現代）」

製品化し即売した。茶屋コーナーも併設し、江戸名物の饅頭や団子なども提供している。

三越は一九〇四年（明治三十七年）に「デパートメントストア宣言」を掲げて百貨店化する当初から江戸趣味を標榜した流行発信をおこなっており、この博覧会も得意の江戸趣味をテーマに流行発信を企図したのだろう。目玉だった風俗人形展示全八場面のうちの二つを、絵はがきで紹介しよう。まず「夏の夕暮 文化文政頃」（絵はがき5）は「大川端〔東京・隅田川の下流：引用者注〕、縁台に腰掛けた美人と客人、川面吹く夕風に涼を納《い》れている夏の下町の様《さま》」（同誌）という設定で、隅田川の夕暮れどきを描いた書き割りを背景に柳や屋台店を添えた舞台に、着物姿でうちわを持つ婦人のマネキン人形四体と客人の男性人形一体が涼をとっている。出品物でもあっただろう婦人の着物や屋台の装飾に、江戸趣味の縞模様があしらわれている。「大正の新装（現代）」（絵はがき6）は、「文化生活が高唱され、衣、食、住の生活が急激に洋風化し、洋風居間に、洋服を着けた子供、傍にラジオを備えられている如き、そしてお召物は何れも現代流行の粋を示している様」（同誌）という設定で、テニスも楽しめる洋風邸宅の中庭の書き割りを背景に、ラジオ、じゅうたん、カーテン、応接家具という最新の洋風生活を演出した室内に流行の束髪姿の和装女性と洋装の子どもたちがくつろいでいる。これらのジオラマ展示物のなかには、この博覧会を観覧後に三越店内で購入可能な商品もあっただろう。なお、こうした人形展示は百貨店が内国勧業博覧会に参加したころから得意としたマネキン・ジオラマ展示の系譜でもある。

皇孫御誕生記念こども博覧会（一九二六年〔大正十五年〕一月十三日―二月十四日）

皇孫御誕生記念こども博覧会は一九二六年（大正十五年）、およそ一カ月の会期で、東京日日新聞社の主催により上野公園および不忍池畔で開催された。動員数は四十六万五千百八人を数えている。

この博覧会開催の目的は、博覧会趣意書によれば、第一に一九二五年（大正十四年）十二月六日、皇太子（後の昭和天皇）の第一皇女・照宮茂子内親王が誕生したことへの奉祝、第二に子どものための娯楽を提供することで、子どもの教養や教育への関心の高まりを期待する、ということにあった。ただし主催の東京日日新聞社（一九一一年〔明治四十四年〕に新聞名だけを残し大阪毎日新聞社に経営権を委譲）は他社新聞と読者獲得競争を繰り広げていて、この博覧会開催には新聞の部数拡大のねらいが大きかったと考えられる。なお厳冬の時期の開催になったのは皇孫誕生の報道を受けて即座に企画されたことが一因だろう。

会場は上野公園不忍池畔で、準備期間が少ないこともあって既存の建物が利用されたが、東京高等工芸学校教授・森谷延雄と東京美術学校講師・斎藤佳三によって会場装飾が施された。館内にはくす玉や飛行機をモチーフとしたデコレーションが、館外には犬張り子の上にラッパを吹く道化人形が乗った塔や道しるべの人形が配され、

絵はがき7　皇孫御誕生記念こども博覧会　正門入り口

絵はがき8　皇孫御誕生記念こども博覧会　龍宮館内福引の魚釣り

子ども向けの博覧会であることを強調した。

会場の中心は照宮記念館で、明治天皇が幼いころに愛用した「木馬の御運動具」など皇族の子ども時代の愛用品や作品が展示された。そのほか、各玩具商出展のおもちゃ館、きもの館、教育館、運動館、栄養館、母の家、こどもの部屋などが並んだ。娯楽施設では迷宮春の園、龍宮館が人気を集めた。

絵はがきを手掛かりに博覧会場を巡ってみよう。まず会場入り口付近を写した写真絵はがき7からは、観客たちが徒歩や車、自転車で会場に足を運んだ様子が見て取れる。入り口すぐには、森谷延雄が手掛けたと思われる博覧会塔がそびえている。塔は双六のサイコロや積み木を彷彿とさせる立方体を積み重ねて作られ、幾何学模様や兵隊の図柄、装飾文字で彩られている。塔の頂上には鯉のぼりがたなびき、博覧会場では定番の万国旗が会場をもり立てている様子が見て取れる。会場内に入ると、例えばきもの館はその写真絵はがきから、東宮御所の書き割りを背景に三越、白木屋、松屋、松阪屋、高島屋の五大百貨店が競演したマネキン展示があったことがわかる。婦人は流行柄の和装、子どもたちはワンピースや半ズボンにジャケットといった最新の洋装に身を包み、新春とともに皇室の慶事を寿ぐ場面が演出されている。また、絵はがき8にある娯楽施設で人気を集めた龍宮館は、童話「浦島太郎」に登場する竜宮城を模した外観の円形の建物で、建物内部は明治から大正にかけて人気を博したパノラマを応用した構造になっていて、観客は中央の舞台から海の情景を演出した空間のなかで魚釣りゲームを楽しむという趣向だった。

皇孫御誕生記念京都こども博覧会（一九二六年〔大正十五年〕七月一日―八月二十日）

皇孫御誕生記念京都こども博覧会は、一九二六年（大正十五年）の夏の一カ月半ほどの期間、大阪毎日新聞社と東京日日新聞社の主催により京都・岡崎公園で開催された。動員数は、東京の皇孫御誕生記念こども博覧会（以下、東京展と略記）を上回る百五十万九千五百四十四人を数えている。

この博覧会開催の目的は東京展と同様に、皇孫誕生という慶事への奉祝、子ども向けの娯楽の提供によって児童教育への関心を高めることにあった。この博覧会は、大阪毎日新聞社社長の本山彦一の発想で皇室と最もゆかりが深い京都でも開催すべきとして、東京展開催以前から準備が進められていた。その内容は東京展をもとにしながらも、児童創作館などを加え一層の充実が図られた。毎日新聞社はすでに前年の一九二五年に大大阪博覧会を主催し、宣伝力を駆使して消費文化を意識した娯楽色の濃い博覧会として大成功を収めていて、こども博覧会の内容と宣伝にもそのノウハウを大いに生かした。例えば宣伝では、新聞紙面だけでなく、ポスターやチラシの配布、飛行機を使った広告、子ども向け新聞「こども毎日」の発行、皇孫誕生という国民的事業の趣旨を利用し

絵はがき9　皇孫御誕生記念京都こども博覧会「記念御物絵葉書」(絵はがき袋表紙)

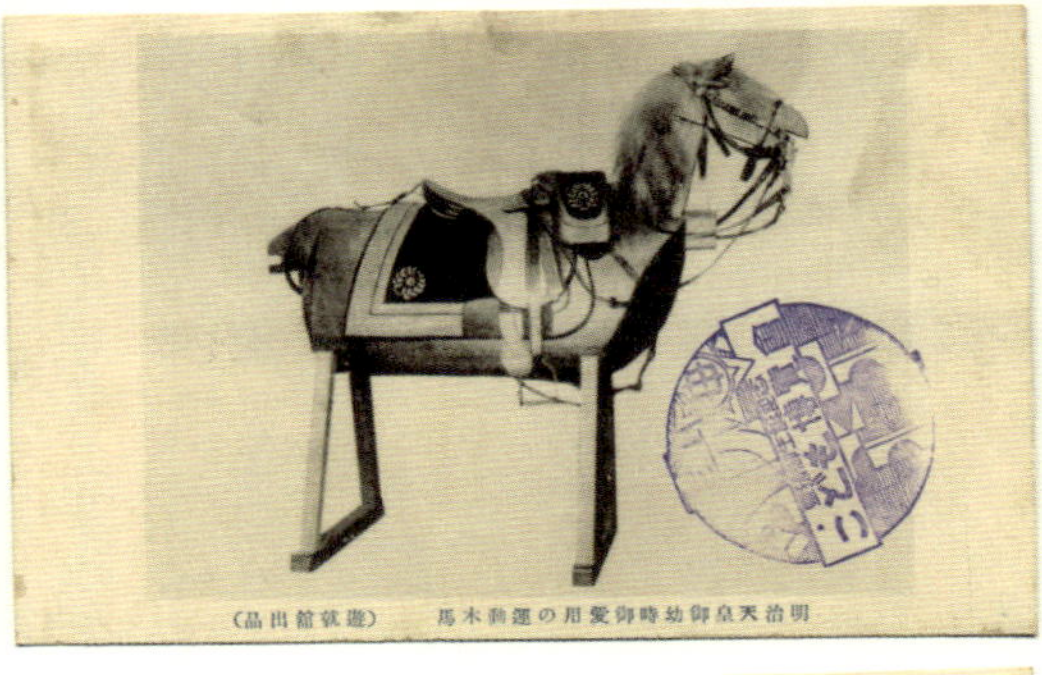

絵はがき10　皇孫御誕生記念京都こども博覧会「明治天皇御幼時御愛用の運動木馬」

た他社新聞の宣伝協力などの工夫が見られた。

会場は、岡崎公園の応天門通りを中心に、公会堂や本館がある第一会場の第二勧業館、児童創作館や遊戯施設がある第二会場、また照宮記念館がある市立工芸館とに分かれ、本館には、子供と母の家、きもの館、おもちゃ館、電気館、栄養館、教育館、北極館などが作られた。出品物は子どもの衣食住、遊びや運動など、子どもを取り巻くあらゆるものが対象であり、各企業がしのぎを削った。第二会場には児童健康相談所やこども汽車などが作られ人気を集めた。会場は主に既存の建物を利用したが、会場装飾は子どもを意識して、京都高等工芸学校図案科教授の建築家・本野精吾らが犬をモチーフにしたカラフルな装飾塔などを手掛けた。

「記念御物絵葉書」（絵はがき9）は皇孫の写真とともに、この博覧会の目玉である照宮記念館の出品物の絵はがき七枚を収めたもので、出品物のカタログとしての役割も担っていたのだろう。明治天皇が愛用した運動木馬（絵はがき10）、皇太子（後の昭和天皇）妃の鳥かごなど皇族の幼少時代に使われた玩具や衣装が展示されたことがこれらの絵はがきから見て取れる。

万国婦人子供博覧会（一九三三年〔昭和八年〕三月十七日―五月十日）

万国婦人子供博覧会は一九三三年（昭和八年）、上野公園を会場として大日本連合婦人会と工政会の共催で開催された。動員数は七十五万九千三百八十四人となっている。

博覧会の目的は、第一に女性と子どもの「常識と情操の涵養」を図ること、第二に「消費経済の合理化」を普及させること、第三に国際親善に寄与することにあった。開催の背景としてまず、日本が一九三一年（昭和六年）の満州事変に端を発する十五年戦争へと突入したことが挙げられる。国際的孤立の兆しが見られるなかで、国内では国民教化が急がれる一方、対外的には「アジアを担う大国」として国際社会への理解が求められた。さらに二九年の世界恐慌による深刻な不況への対策の一つとして個人消費の拡大が注目されたことも背景の一つにある。主催団体である大日本連合婦人会は、三〇年（昭和五年）に文部省が国民教化運動の一環として家庭教育の振興と家庭生活の更新を目的に発足させたもので、家庭教育の振興により国民の意識を高め、消費生活の合理化により経済の改善に努めることを目指していた。一方、共催者である工政会は一八年（大正七年）に設立された技術者と工業経営者からなる団体で、産業の発展には消費経済の改善が必要との考えから消費の中心を担う婦人や子どもに目が向けられていた。こうした時代背景と両団体のねらいが重なったことで、この博覧会の開催にいたったのである。

会場は上野公園の竹の台会場、池の端会場、芝会場からなり、竹の台会場では、教育館や外国館を中心に、植民地支配を反映した満鉄館や台湾館、浅草観音の開帳をおこなう宝物殿などが置かれた。一方で、池の端会場は産業と国防をテーマとし、森永製菓館、三菱館などの企業による特設館、日本で最初に開局したラジオ局・東京中央放送局の特設館であるＪＯＡＫ館があった。また同会場の東郷館では東郷元帥一代記のジオラマ三十場面が

絵はがき11　「万国婦人子供博覧会絵葉書（第一輯）」絵はがき袋の表紙

絵はがき12　万国婦人子供博覧会　製鉄所館・三井館・三菱館（池の端会場）

絵はがき13　万国婦人子供博覧会　府県館の一部　朝鮮総督府出品（池の端会場）

展示された。芝会場の目玉はドイツ・ハーゲンベック動物園の大サーカスで、ゾウがトラを背に乗せたままで樽乗りをするなどアクロバティックな曲芸が人気を集めた。

これも絵はがきから、博覧会の特色を見てみよう。「万国婦人子供博覧会絵葉書（第一輯）」（絵はがき袋の表紙）には、世界各国の国旗を背景に洋傘を持つ婦人や洋装の子どもの影絵が描かれていて、博覧会そのものを象徴したデザインである（絵はがき11）。池の端会場の製鉄所館には正面にミニチュアの製鉄所が据えられていて、さぞかし迫力があったことが想像される（絵はがき12）。ＪＯＡＫ館は、大衆メディアの一役を担う存在になりつつあったラジオ文化の普及を目的に設置されたが、無線を使った「桃太郎一代記」が子どもを中心に人気を集め、絵はがきにもこのアトラクションを楽しんだであろう親子の姿が写っている。こうしたパビリオンが人気を集めたことから、この博覧会が女性と子どもへの教化を表向きの目的としながらも、娯楽的な消費文化を意識した内容だったことがうかがえる。また池の端会場では朝鮮総督府の出品物が府県館の一部として展示された。朝鮮特有の建造物を模した舞台にチマチョゴリを着せたマネキンを使って演出された展示からは、当時の朝鮮と日本の政治的な関係が透けて見える（絵はがき13）。

日本婚礼進化博覧会（一九三六年〔昭和十一年〕三月二十日―五月十日）

日本婚礼進化博覧会は一九三六年（昭和十一年）、兵庫・宝塚新温泉一帯・宝塚図書館・宝塚公会堂を会場に、阪神急行電鉄（現・阪急電鉄）の主催によって開催された。動員数は不明である。

絵はがき14　日本婚礼進化博覧会

この博覧会は、博覧会誌によれば「人生の一大盛典」である結婚を歴史的・優生学的にあらゆる角度から検討することで、結婚への理解の一助となることを目的に開催された。とはいえ主催が小林一三率いる阪神急行電鉄であったこと、また会場が同電鉄経営の宝塚新温泉一帯であり、入場料金三十銭を払えば宝塚新温泉、ルナパーク、動物園、植物園にも入ることができたことから、同電鉄の乗客と宝塚新温泉一帯の顧客拡大をねらっての開催だったと思われる。阪神急行電鉄は一九一

参考　パノラマ展示「見合より新家庭まで」から「新婚旅行」
（出典：阪神急行電鉄編『日本婚礼進化博覧会誌』阪神急行電鉄、1936年、国立国会図書館所蔵）

一年（明治四十四年）、箕面動物園での山林こども博覧会や、婚礼に関わる古今東西の風俗を展示した一四年（大正三年）の婚礼博覧会（この博覧会の見本になったと思われる）など家庭生活をテーマとした博覧会を次々と開催し、博覧会を顧客獲得の戦略として活用したことで知られている。ちなみに一四年の婚礼博ではその余興の一つとして宝塚少女歌劇が初舞台を踏んでいる。

会場では、進化論や劇と文学からみた結婚、有職《ゆうそく》故実《こじつ》に基づく「婦人、誕生より結婚まで」、日本の植民地の結婚、優生学からみた結婚に関する知識といった様々なテーマを設け、それらについてジオラマ、パノラマ、イラストや写真などを使っての展示がおこなわれた。ちなみに、博覧会ポスターのデザインは、第二会場の目玉だったパノラマ展示「仮名手本忠臣蔵八段目・道行旅路の嫁入」の文楽人形がモチーフになっている。ほかにも、第一会場の目玉である現代の結婚風俗を扱ったパノラマ展示「見合より新家庭まで」では、「見合い」や「新婚旅行」など八つの場面が等身大の人形とモダンな婚礼衣装、調度品などとともに展示され、博覧会誌ではこの展示にうっとりする令嬢の姿が紹介されている。また、華族各家から借用した歴史的な婚礼調度類の展示、世界の結婚にまつわる珍しい風俗の写真展示などがおこなわれた。『ロミオとジュリエット』から『金色夜叉』など男女の恋愛をテーマとした古今東西の文学作品の一場面を再現したジオラマ展示を、「インテリ青年男女が微笑んで眺めていた」と博覧会誌にはある。「優生学からみた結婚に関する知識」コーナーの歯科のブースでは、「歯の矯正を説いて、結婚へとつながる美人の増加を奨励する」といういささか眉唾ものの説が紹介されている。

絵はがき14には、古代の皇族や貴族を思わせるような高貴な男女の姿が描かれていて、実際の展示にも古代の結婚を紹介したジオラマ展示があったかと思われる。なお、絵はがきの左上には「昭和十一年五月十日」会期最終日の逓信省発行博覧会記念図案入り記念印が押されているのだが、第一会場の入場口手前、宝塚新温泉の広間には博覧会臨時郵便局出張所が設けられていたため、そこで押印されたものと考えられる。

参考文献

大阪毎日新聞社編『京都こども博覧会誌――皇孫御誕生記念』大阪毎日新聞社、一九二七年

大島十二愛「新聞社の企業化と子ども文化事業――大阪毎日新聞社のこども博覧会と日刊こども新聞誕生を中心に」「マス・コミュニケーション研究」第七十号、日本マス・コミュニケーション学会、二〇〇七年

川口仁志「明治末の地方における子ども博覧会について」、九州造形短期大学学会運営委員会編「九州造形短期大学紀要」第二十二号、九州造形短期大学、二〇〇〇年

川口仁志「「皇孫御誕生記念こども博覧会」についての考察」「松山大学論集」第十七巻第六号、松山大学、二〇〇六年

川口仁志「「万国婦人子供博覧会」についての考察」「松山大学論集」第二十巻第五号、松山大学、二〇〇八年

是澤優子「明治期における児童博覧会について（2）」「東京家政大学研究紀要」第三十七巻第一号、東京家政大学、一九九七年

神野由紀『趣味の誕生――百貨店がつくったテイスト』勁草書房、一九九四年

神野由紀『子どもをめぐるデザインと近代――拡大する商品世界』世界思想社、二〇一一年

高木栄吉／清宮秀之助編『東京勧業博覧会実記』重宝新聞社、一九〇七年

東京市市史編纂係編『東京勧業博覧会案内』裳華房、一九〇七年

東京日日新聞社編『こども博覧会誌――皇孫御生誕記念』東京日日新聞社、一九二六年

万国婦人子供博覧会事務所編『万国婦人子供博覧会報告』万国婦人子供博覧会事務所、一九三五年
阪神急行電鉄編『日本婚礼進化博覧会誌』阪神急行電鉄、一九三六年
吉見俊哉『博覧会の政治学――まなざしの近代』（中公新書）、中央公論社、一九九二年

博覧会と女性——万国婦人子供博覧会に注目して

石田あゆう

女性と消費生活

博覧会と女性の関係を象徴するのが、一九三三年（昭和八年）、東京・上野で開催された万国婦人子供博覧会である。「国際親善」を目的としながら、婦人と子どもの「常識と情操の涵養」、「消費経済の合理化」がテーマに加えられている。この博覧会は日本初の即売会を設けたことでも知られる。

万国婦人子供博覧会では三つの会場が用意されていたが、その目玉となったのは第二会場に設置された「即売部」だった。従来の博覧会では、会場で気に入る「商品」を目にしてもそれはあくまでも「展示品／陳列品」であり、その場で購入することができなかった。この婦人子供博覧会は、持ち帰り可能なものは「即売部」で販売し、つまりは商品の在庫品の一掃をねらったのである。

日本での博覧会の歴史を振り返ってみれば、その目的は国家主導による欧米へのキャッチアップとしての殖産興業にあった。日本国内の工業の発展と国産品の輸出増加を期待してのことである。だが一九三〇年代に入るころには、博覧会は新たな目的として「国産愛用」や「国産振興」を掲げ、消費者教育をテーマにするようになる。過剰な生産が問題視され、内需拡大と消費の善導への関心が高まった。その結果、この博覧会は、国内の家庭の女性と子どもに対して「あるべき」消費とは何かを示そうとした。特に女性への教育的効果を意識していた。

一九三二年（昭和七年）の「万国婦人子供博覧会の趣意書」には次の記述がある。「吾々は、従来の経済界が消費方面を軽視する結果、遂に生産過剰による世界的不況を招来せる事実並に私経済方面は主として婦人の関心事なる事実に徴し、産業の振興により我生産品の品質を向上せしむると共に消費経済を指導改善するを以て、本博覧会の他の重要なる目的の一とするものであります」

昭和初期にモガ（モダンガール）が流行の風俗として注目されたように、「女」はどこか享楽的と見なされる風潮があった。家庭を担う主婦とその影響下にある子どもたちをそうした悪影響から引き離し、教育・指導しなければならない。これが「消費経済の合理化」の要点と考えられ、博覧会のテーマとなったのである。

絵はがき1　「万国婦人子供博覧会」の郵便はがき。女子どもは博覧会の楽しいイメージを想起させるうえでも活躍している（著者所蔵）

絵はがき2　「教育館」では子供の教育に関する展示がおこなわれた（竹の台会場　上野恩賜公園内東京美術協会会館）。即売部は企業館が並ぶ池の端会場に設けられた

アンビバレントな女性消費者

消費という点では、国内の消費者は国産品よりも欧米からの輸入品をありがたがる傾向もあった。海外製品が愛用されるようでは、国産品の市場を拡大するうえでの障害となる。この博覧会は、まず日本人に対して国産品を積極的に宣伝し、そして購入するように勧める教育的装置としても考えられていた。

近代日本の女性は、公私の区分において私的生活空間である家庭の主役となり、消費行為の積極的担い手になるべきとされた。「正しい」消費生活とは、決して消費節約や倹約を勧めるものではない。国のため、家庭のため、子どものために能動的におこなうべきことであり、国産品を愛用する女性は、よき消費者の代名詞となる。とはいえ、それは日本人すべてに求められた規範だったといえる。博覧会には、なぜあえて「婦人子供」と明記したのだろうか。その点についてこの博覧会の事務総長を務めた倉橋藤治郎は次のようにいう。

「よく婦人子供の用品と云ふ意味を窮屈に解釈する人がありますが、一般家庭用品を考えると、大体の物は直接間接皆婦人子供に関係があります。一見婦人子供に無関係なように見えても、実際婦人子供に諒解のない為に其利用の上に円滑を欠くものが多いのでありますから、本会の出品は大変広汎に亘るのであります」

絵はがき3　正しい消費者とならなければならない。あるべき家庭婦人と子どもの姿が描かれた「万国婦人子供博覧会絵葉書（第一輯）」の表紙。そこにモダンガール風の女性はいない

「家庭」をマジックワードとして、ありとあらゆる日用品が「婦人子供」に関係があると見なせるというわけであり、どのようなものも受け入れ、陳列可能だった。万国婦人子供博覧会について考察した川口仁志が指摘したように、「そもそも展示品として、婦人や子どもに関わるものが集められたといっても、その範囲は広く、あらゆる家庭用品が展示されることになった」のだ。

女性と子どもに対する消費者教育をテーマとしながらも、様々な商品が来場者の前に並ぶことになり、この博覧会は老若男女を問わずその欲望を刺激した。だがこうした消費空間としての博覧会に「婦人（女）子供」と銘打たざるをえなかったあたりに、当時のジェンダー意識を見て取ることができるだろう。

博覧会といえば、その豊かな物の展示によって人々の欲望を喚起し、消費を促す場でもあったことがこれまでも指摘されてきた。万国婦人子供博覧会にしても、「婦人子供」に対して「正しい」購買心を刺激するための消費者教育との「建前」を掲げながら、その内実はもちろん国民的消費空間にほかならなかったのである。

参考文献

吉見俊哉『博覧会の政治学――まなざしの近代』（講談社学術文庫）、講談社、二〇一〇年
川口仁志「「万国婦人子供博覧会」についての考察」「松山大学論集」第二十巻第五号、松山大学総合研究所、二〇〇八年
石田あゆう「昭和前期と国産洋服博覧会」、福間良明／難波功士／谷本奈穂編『博覧の世紀――消費／ナショナリティ／メディア』所収、梓出版社、二〇〇九年

博覧会と美術——「博覧会の美術館」を糸口に

前川志織

絵はがき1　平和記念東京博覧会の美術館

山田俊幸氏が所蔵する博覧会絵はがきコレクションのなかに「平和記念東京博覧会絵葉書帖」と呼ばれる一冊がある。これは九十葉の写真絵はがきを収めた冊子で、購入者が気に入った絵はがきを切り取って使用できる体裁になっている。なかを開くと冒頭に案内図があり、開会式に駆けつけた人々の雑踏の様子、第一会場の水産館や文化村などに続いて美術館の写真絵はがきを見つけることができる。絵はがきを見ると、この美術館は分離派の建築家が設計した尖形の屋根と抑制された幾何学的装飾によるトップライトを採用した斬新な建物であった（外壁はピンク色だったという）（絵はがき1）。「美術館内ノ光景」と称された日本画展示の写真絵はがきからは、この美術館にシルクハットの老紳士や学生ら多様な人々が詰めかけた様子が確認できる（絵はがき2）。この「絵葉書帖」はガイドブック、来場記念、あるいは博覧会の追体験として購入されたと思われるが、これを手にした人々にとってこのかりそめの美術館の絵はがきは、水産館や文化村、夜間のイルミネーションとともに博覧会見物の思い出の一コマになったことだろう。

　ここでは近代日本で博覧会と美術がどのような関係を取り結んだのかに

ついて、「博覧会の美術館」──博覧会会場に建てられた一時的な施設としての美術館──を糸口に眺めてみたい。

日本で初めての「博覧会の美術館」は一八七七年（明治十年）、政府主催による第一回内国勧業博覧会で建てられた。それは三つの越屋根がついた煉瓦造りの西洋建築で、正面に「美術館／Fine Art Gallery」の看板が掛けられ、日本で初めて美術館を名乗った建物でもあった。注目すべきは会場構成で、美術館が東西本館や農業館などのパビリオン群の中心の位置に設けられたことである。美術館を中心とする会場構成は、政府が輸出振興策を背景に美術工芸品を輸出産業の主力と位置づけたことを示している。さらにこの「博覧会の美術館」の特徴として、一時的な仮の施設であること、おおむね同時代の作品を展示したこと、公募作品を展示したことが挙げられ、以後の「博覧会の美術館」でもこの特徴は引き継がれる。

絵はがき2　平和記念東京博覧会の美術館の光景

第五回まで開かれた内国勧業博覧会では、いずれも美術館のパビリオンが設けられた。第二回（一八八一年〔明治十四年〕、東京）では会場最奥の中央に建てられたジョサイア・コンドル設計による博物館の建物の一階が美術館として利用され、第三回（一八九〇年〔明治二十三年〕、東京）では第二回で利用した博物館の右脇に仮設の建物として美術館が建てられた。第四回（一八九五年〔明治二十八年〕、京都）では会場最奥部の中央に配された平安神宮の右脇に美術館が建てられ、第五回（一九〇三年〔明治三十六年〕、大阪）では、会場中央の大通路を奥まで進んだ先の、会場が一望できる小高い丘に美術館が設けられている。一連の内国博での美術館の配置は、中心から脇や奥へと変化する一方、象徴的な建物の傍らや会場を一望できるという特殊な位置づけがなされたように思われる。

その後も「博覧会の美術館」は建てられる。本書所収の博覧会年表と乃村工藝社「博覧会資料

COLLECTION」のデータベース（http://www.nomurakougei.co.jp/expo/）を参照すれば、戦前までに美術館が設けられた博覧会は内国博を含め三十二件にのぼり、その内訳は明治期八件、大正期十件、昭和期十四件となっている。試みに上野公園を会場に東京府が主催した三つの博覧会――東京勧業博覧会（一九〇七年〔明治四十年〕）、東京大正博覧会（一九一四年〔大正三年〕）、平和記念東京博覧会（一九二二年〔大正十一年〕）――を見てみよう。

六百八十万人もの入場者を集めた東京勧業博覧会は、第五回内国博に続き観覧車やウォーターシュート、夜間のイルミネーションが人気を呼んだ娯楽色の強い博覧会で、美術館は第一会場正門を抜けてすぐの第一・第二・第四号館の一群から凌雲院を挟んで東端の一角、第三号館の南隣に設けられた。それはルネサンス様式の広壮な外観だったが、仮設のため雨漏りが悩みの安普請の建物でもあった。その展示は第一回文部省美術展覧会（文展）――博覧会終了後の秋にこの建物を利用し開催――の前哨戦と目されていただけに、審査員の受賞が多いといった不満が起こり話題となった。博覧会の特集号である「風俗画報」第三百六十・三百六十五号（東陽堂、一九〇七年）を見ると、美術館は博覧会随一の見ものだった一方で、左右前後から押し寄せる人波で作品をじっくりと観賞できるような環境にはなかったようである。

大正天皇の即位を記念して七百四十六万人を集めた東京大正博覧会では、美術館は東京勧業博の美術館から少し北に移動した約千坪（約三千三百平方メートル）の敷地に分離派風の様式で建てられ、会場のなかでも特に壮麗なものだったという。『東京大正博覧会観覧案内』（東京大正博覧会編輯局編、一九一四年）おすすめの見学順序は、正門入ってすぐにある、会場でいちばん壮観だったという工業館などを見学した後に「樺太とアイヌの売店」を巡り、その次に美術館をまわる、というものだった。展示内容はといえば、審査報告によれば、審査員発表の遅延や出品点数制限の周知不徹底が影響し、著名な日本画家の不出品が目立ったという。

大正博から八年後に、千百万人を集めた平和記念東京博覧会でも美術館は同じ敷地に建てられた。「朝日新聞」（東京）一九二二年一月十二日付朝刊には、二科会などの美術団体が参加をしぶり、帝展（帝国美術院展覧会）常連者の不参加が目立つなど、作品にも力作が少なく質の低下を指摘する報道がなされている。文展（文部

絵はがき3　東亜勧業博覧会の美術館

省美術展覧会）が美術制度の確立とその大衆化を促したことを契機に官展や在野の美術展が盛んになるなかで、美術家たちの「博覧会の美術館」への関心は薄れていったのかもしれない。一方、東京勧業博のころから博覧会は「生産者」ではなく「消費者」を意識した消費文化的色彩が色濃くなるが、冒頭で紹介した「美術館内ノ光景」の絵はがき（絵はがき2）に写る人々の姿を思い返せば、「博覧会の美術館」は美を愛でる特別な場であった一方で、数あるパビリオンと同様に娯楽の一つとして多くの人に楽しまれたことが想像される。

最後に、福岡市主催の東亜勧業博覧会（一九二七年〔昭和二年〕、福岡市）の美術館を紹介しよう（絵はがき3）。この博覧会は入場者数が百六十万人にのぼり、地方の博覧会としては大盛況だった。美術館は門を入って大濠の池沿いを進んだ本館の左隣に設けられ、その外観は博覧会誌によれば「ピンク色の壁面にテラコッタ風の彫刻を配し」たアールデコ調の華麗なものだった。その内容も「帝展作家からアマチュア作家までが一堂に会する」ものとあり、福岡ゆかりの作家ばかりか、依頼により著名作家の帝展出品作なども展示された。こうしてこの美術館は「帝都の美術の秋」を楽しめるパビリオンとして人気を博したという。

当時同時代の美術を展示する恒久的な施設としての美術館は、戦前では一九二六年（大正十五年）開館の東京府美術館などわずかな例しかなかったこと、また「博覧会の美術館」に触発されしばしば美術館建設運動が立ち上がったことを考え合わせると、「博覧会の美術館」は美術史で考慮すべき存在のように思われる。その当時「博覧会の美術館」がどのようなものとしてあったのかをたどることは、社会における美術の受容の一端を捉えることにもつながりそうである。

参考文献

北澤憲昭『眼の神殿――「美術」受容史ノート』美術出版社、一九八九年
兵庫県立美術館編『美術館の夢――松方・大原・山村コレクションなどでたどる』兵庫県立美術館、二〇〇二年
福岡市美術館編『大濠美術館ものがたり――昭和2年福岡、東亜勧業博覧会開幕。』福岡市美術館、二〇〇七年
五十殿利治『観衆の成立――美術展・美術雑誌・美術史』東京大学出版会、二〇〇八年

第4章　建築と都市文化

天内大樹

本章は博覧会場内の建築すなわちパビリオンを中心に、博覧会を取り巻く都市状況などを見渡しながら、八回の展覧会について解説する。一九一四年（大正三年）の東京大正博覧会から三七年（昭和十二年）の名古屋汎太平洋平和博覧会にいたるそれらの年代は、博覧会の開催主体が国から各都市に移行し、出展者が植民地の拡大にしたがって多様化し、また建築様式に対する考え方が大きく揺動した時期にあたる。建物の形状が伝えるメッセージ内容以上に、そのメッセージの位置づけが変わったといえるだろう。

東京大正博覧会（一九一四年〔大正三年〕三月二十日―七月三十一日）

東京府は大正天皇即位をきっかけに産業振興を図るべく、一九一四年（大正三年）三月二十日から七月三十一日まで、上野公園・不忍池周辺を主会場、青山練兵場（後に明治神宮外苑となる）と芝浦を分会場に東京大正博覧会を開催した。なお大正天皇の即位礼は四月の昭憲皇太后死去で翌年に延期されている。博覧会は七百四十六万人を集め、観客が内部を巡る鉱山模型、美人島探検館、インド高僧のミイラ、上野公園と不忍池を結ぶ日本初のエスカレーターや不忍池を渡るロープウェー、青山や芝浦での軍艦レプリカや軍用飛行機の展示が人気を博した。従来の博覧会より増した娯楽色も軍備、産業、「拓殖」による日本人〝世界〟の拡大などと一体だったという、当時の状況を反映している。ちなみに第一次世界大戦はこの会期末に始まる。

上野公園の第一会場で、正門（現在の野球場西脇）から帝室博物館への道の両側に並ぶ工業・鉱業及林業・水産・美術・拓殖の各館と奏楽堂は「セセッション」様式に統一された（東京大正博覧会協賛社編『東京大正博覧会遊覧案内』東京大正博覧会協賛社出版部、一九一三年）。ただし帝室博物館東脇の水産館はいまから見るとロマネスク・リバイバルに見えるし、その隣の「ルネサンス」とされた教育及学芸館は正面開口部が縦長で、むしろセセッション的である。東京市はこれらとは別に、隣の美術館と列柱をそろえた東京館を建設した。また第一会場植民地特設館のうち北海道と満州が並列された拓殖館はウィーン・セセッションだが、朝鮮・南洋館は当地の伝統様式を参照しており、小ぶりな樺太館はログハウスである。不忍池畔第二会場は「皆東洋趣味を加へたるサラセニック」（同書）とされ、農業・運輸・染織・外国・動力・機械の各館が並んだ。染織館に並ぶ別館と台湾館は東アジアの伝統様式を纏っている。また以上の会場設計は曾根中條建築事務所に在籍した中村順平による。

鉱業及林業・美術・拓殖（第一会場）に加え運輸・染織（第二会場）の各館でも用いられた、外壁パネルを留める鋲を見せる意匠は、オットー・ワーグナーによるウィーン郵便貯金局（一九一二年竣工）を参照している。ウィーンでこの鋲は、建物が鉄筋コンクリート造りで、石造りに見える外装はパネルにすぎないことを示していた。日本初の鉄筋コンクリート造りの建物が一九一一年（明治四十四年）に竣工しており、一四年（大正三年）十二月に開業した東京駅舎の建設中では、設計者辰野金吾が迷ったあげく鉄筋コンクリートを諦めて鉄骨煉瓦造りを採用した——という時代なので、大正博各館は木造、せいぜい鉄骨や木骨の煉瓦造りだろう。したがってこの鋲は街中の店舗と同様、流行装飾にすぎない。正円アーチの開口部をもつ運輸館では、鋲が汽車の動輪の形に打たれている。

塚本靖はそうした流行の席巻を戒めながらも、第一会場にセセッションが割り振られたことを、山上にあって衆目を引くためと理解した(「建築画報」一九一四年二月号、建築画報社)。博覧会にしては珍しく、建築界に様式の進取と統一を評価する声が目立つが、それも各社特設館や美人島探検館といった有象無象を無視した議論である。

平和記念東京博覧会(一九二二年〔大正十一年〕三月十日―七月三十一日)

東京府は第一次世界大戦終結を契機に、一九二二年(大正十一年)三月十日から七月三十一日まで平和記念東京博覧会を開催した。平和記念東京博覧会協賛会編『平和記念東京博覧会協賛会事務報告書』(平和記念東京博覧会協賛会、一九二三年)によれば四百八十五万円を投じ(東京勧業博は百二十七万円/大正博は百六十五万円)三百八十八万円の収入を得た(六十九万円/七十一万円)。『報告書』は鉄道だけで千五百七十万円の経済効果を見積もる。建築費も二百五十二万円(五十九万円/八十一万円)と桁違いだったが、動員数は千百三万人(六百五十九万人/七百四十六万人)にとどまった。しかし開会当初の出足の遅れと梅雨期を除けば一日の入場者数は順調に伸び、戦前の博覧会で最大の成功例だろう。

この博覧会事務局工営課技術員として一九二一年(大正十年)三月に任命されたなかに、帝大在学時の前年に分離派建築会を結成した瀧澤真弓(バタフライ屋根の製作工業館・化学工業館、放物線アーチを連ねた染織別館、キュビスム的な建築館=第一会場、音楽堂=両会場を担当)と堀口捨己(重層した大小屋根の電気工業館、ドーマー窓と正円アーチが正円ヴォールト側面に並ぶ動力・機械館、バタフライ屋根の側面に正円アーチとガラス壁を取り入れた交通・航空館、切妻屋根が連続した林業・鉱山館、不忍池西岸の池塔=第二会場を担当)がいる。濱岡(藏田)周忠(郵便局=第一会場、池東岸の平和塔=第二会場を担当)もこの事務局の経験から分離派に入った。三人はそれぞれ二二年(大正十一年)六月、四月、三月末に退職したから、開会後はお役御免なのだろう。この博覧会で人気の水上航空機(離水せずプロペラで水上を動いた)はもともと航空館内に発着予定だったが、最終段階で変更された

（堀口「第二会場の建築に就て」「中央美術」一九二二年八月号、中央美術会）。

ほかにも、逆三角形や五角形の窓の水産館、巨大ヴォールトの演芸館や半円ドームと縦長の開口部を備えた北海道館などが、直接・間接的に分離派と共通するデザインをとった。対してルネサンス風ドームの外国館、ローマ風の厳格な対称を示した樺太館、ルネサンスの三層構成を保った東京館、相変わらず伝統建築の朝鮮・台湾館は保守的といえる。さて作家の宮本百合子が「婦人公論」（婦人公論社）に短く「外国雑誌の写真の、皮相的模倣」「ごたごたし、雑駁な印象」と論難したのは特定の館か、以上の各館の寄せ集めか。

絵はがき1　平和記念東京博覧館の演芸館

建築学会が建築館内の展示とあわせて、現在の東京都美術館敷地に出展した住宅群は文化村と名付けられた。半数の七棟が二階建てで、屋根形状を問わず軒高が際立つ。小さなものは生々園宏達彌の十二坪（約四十平方メートル）千九百八十円一間から、大きいものは上遠喜三郎（学会設計）の三十四坪（約百十二平方メートル）五千三百五十円、樋口久五郎による十坪（約三十三平方メートル）のベランダつき七千五百円までと幅広い。学会の応募要項は居間・客間・食堂を椅子式と定めたが、全室椅子式の家も畳の部屋つきの家も、また東京材木問屋同業組合によるメートル寸法を単位としただけの伝統住宅も建てられた。坪単価二百円以内という指定も、全棟が達成したわけではない。しかし前田錦蔵、吉永京蔵、家具業の小澤愼太郎（学会設計）、大工の島田藤吉・飯田徳三郎から生活改善同盟会、あめりか屋、日本セメント工業、建築興業、銭高組などの企業・団体を含む出展者は、居間中心の間取りで文化的簡易生活を目指した。

日本建築協会住宅改造博覧会（一九二二年〔大正十一年〕九月二十一日—十一月二十六日）

一九一七年（大正六年）に関西建築協会として発足した日本建築協会が、二二年（大正十一年）九月二十一日から十一月二十六日まで、平和記念東京博で公園内に建築学会が出展した「文化村」十四棟と同様の目的で、大阪府豊能郡箕面村の台地上（現・箕面市桜ヶ丘二丁目六—七番地）に分譲の予定込みで開催した住宅展である。十四ヘクタールの敷地に予定で二十七棟、実際には二十五棟を建て（竣工が十月にずれ込んだ棟もあったという）、七万人を集めた。「文化村」では都市防災の観点から木造独立住宅がひしめく姿に論難もあったが、阪急線から離れた田園的な敷地ならば理想的だっただろう。

当時は住宅改善という旗の下、中流階級向けに椅子式生活・食堂・水道・電気を導入し、客間や召使を排した住宅提案や懸賞募集が相次いでいた。一九一九年（大正八年）の生活改善展覧会や、これを受けた生活改善同盟会、住宅改善調査委員会、森本厚吉や吉野作造らが二〇年（大正九年）に結成した文化生活研究会などが指導的立場にあった。これらの背景には新たな社会層による因習打破と大衆層を目した社会改革という二面があった。またカリフォルニア帰りの橋口信助は、〇九年（明治四十二年）にあめりか屋を設立して当地からの輸入住宅を手掛けたが、日本人の生活様式を変えるにはいたらず、和洋折衷住宅に転向していた。明治末年から女性の生活動作の経済性を追究し女子教育に携わっていた三角錫子とともに、橋口は一六年に設立した住宅改良会で「住宅」を刊行した。以上の流れを受けて日本建築協会は関西での展示を天王寺公園で計画したが、「文化村」との会期重複を避けるべく、田村地所から借用した宅地を実際に開発する方向に延期・発展したのがこの博覧会である。

日本建築協会は一九二一年（大正十年）六月から同年八月まで改良住宅設計図案懸賞を募集、また「郊外一戸建住宅」懸賞も翌年二月まで募集すると、二つの懸賞の入賞各十作品から四作品ずつ計八棟を出展した（後に関西で文化住宅と呼ばれる四世帯長屋の懸賞でも入賞作を発表したが、建設しなかった)。同会の中心人物である片岡安と竹中工務店、大林組が二棟を建て、田村地所(田村真策)、大阪住宅経営、横田組・橋本組・鴻池組・銭高組など地元企業、またあめりか屋西村辰次郎、清水組、葛野壮一郎、久保田繁亮、横河時介も出展した。平屋一棟を除いてすべて木造二階建てで、そのほとんどは寝室などに畳を採用している。コテージやバンガローの様式を取り入れながらも、二重生活すなわち和洋折衷の完全な打破はかなわなかった。なかには「ドメスチック」「ジャパニーズバンガロー」などの名で、在来住宅の発展にとどまった出展作もある。

会場西側(同三―五番地)には本館、音楽堂、活動写真館などが庭園とともに建設されたが、現存していない。

住宅群は会場東部に同心半円状に巡らされた道路や東西道路沿いに建てられた。二〇一五年一月現在、博覧会翌年に建てられたあめりか屋住宅を含めて八棟が現存し、箕面市はこの区画を都市景観形成地区に指定している。

絵はがき2　日本建築協会住宅改造博覧会

大大阪記念博覧会(一九二五年〔大正十四年〕三月十五日―四月三十日)

大阪朝日新聞社と部数を競った大阪毎日新聞社(本山彦一社長)は一九二五年(大正十四年)、大阪市が西成・東成両郡を合併して四区から十三区になり、領域を五十六平方キロから百八十一平方キロに広げ(いわゆる「大大阪」)人口を二百十一万人としたこと(その後同市は埋め立てと一九五五年〔昭和三十年〕の拡張により二百二十三平方キロ、二〇一六年二月現在二百六十九万人となった)、また同紙が一万五千号に達したことを記念して、大大阪記念博覧会を開催した。関東大震災後、人口が二百万人に落ちた八十一平方キロの東京市が三二年(昭和七年)の拡張で五百五十一平方キロ、人口四百九十七万人（相当地域の一九三〇年〔昭和五年〕時点での人口、いわゆる「大東京」）となるまで、国内で人口最大の都市は大阪だった。博覧会は同年三月十五日から四月三十日まで天王寺公園の勧業博展示館と大阪市民博物館（一九〇三年勧業博の美術館）、また大阪城を会場におこなわれた。天王寺公園に百二十万人、大阪城に七十万人が集まった。

天王寺の本館（元の勧業博勧業館）では水の大阪・光と燃料の大阪、そのほか電化・食料・建築・工業・農林・文芸・劇と音楽・趣味と娯楽・名所名物・女・子ども・社会事業・運動・信仰・教育・保健・交通・キネマ・空・文化・家庭・貿易・服飾・商業・工芸という「二十七大阪」のテーマで、大都市の現況が切り取られた。食糧の大阪であれば三メートルの人形の前に市民が一日に食べる食事の量と価格が展示され、流入する食品の産地と数量も示された。そのほか機械・専売・パノラマ館と暁鐘塔がサラセン式、台湾・朝鮮館が伝統様式で立ち並んだ。機械館もウィーン・ゼツェシオンと放物線アーチを組み合わせていて、満蒙館はゼツェシオンそのものである。西洋風だが折衷様式の娯楽館では活動写真や『大大阪踊』（生田南水作詞、杵屋佐吉作曲、花柳壽輔振付）が上演されたらしい。大阪毎日の星印を掲げた各門の意匠はアールデコといえる。

後の一九三一年（昭和六年）に再現される大阪城天守閣の敷地には、桃山式仮設建築の豊公館二百坪（約六百六十一平方メートル）が建てられ、豊臣氏関連の展示を収めた。また夜間には電飾が施された。市民博物館では赤松麟作の『大大阪俯瞰図』が掲げられたという。

津金澤聰廣「メディア・イベントとしての博覧会」（「特集 メディアとしての博覧会」「AD STUDIES」第十三号、吉田秀雄記念事業財団、二〇〇五年）によれば、「大毎」は電車割引や各種広告、「東京日日新聞」紙面も動員して

絵はがき3「大大阪記念博覧会　食料の大阪出品」

全国的なイベントとしてこの博覧会を演出したという。なお「大毎」は同年一月に発行百二十二万部、震災後大きく伸びた「東京日日」は七十三万部としている。「二十七大阪」の服飾でも市内の三越・高島屋・十合・大丸・松坂屋・白木屋の六百貨店合同の出展を依頼したため、市内全域に博覧会の演出が行き渡ることになった。終了直後に博覧会の記録・分析を「大毎」が発行したこと、市に寄付された余剰金から市長関一が大阪都市協会（二〇〇七年解散）を設立したことも特筆に値する。

御大礼記念国産振興東京博覧会（一九二八年〔昭和三年〕三月二十四日―五月二十二日）

東京商工会議所国産振興会は上野公園竹の台を第一会場とし、不忍池畔の産業館を第二会場として一九二八年（昭和三年）三月二十四日から五月二十二日まで御大礼記念国産振興東京博覧会を開催し、二百二十三万人を集客した。昭和天皇即位礼関連で最も早く開催した例だろう。

陸屋根でわずかに出た軒から曲面外壁が垂れ下がる正門から、誘導塔脇を抜けて第一会場中央に達すると、八稜星平面の大礼記念館がそびえ立ち、即位式の模型や装束を展示した。その東西それぞれに一号館から三号館が立ち並び、各自治体が出展した。この六館は工場のような外観で、特定の嗜好は伝えていない。遊戯施設では水平横長窓の「子供の国」が目を引くが、このころ各地の博覧会で同種の施設が定番化したのは、一九二六年（大正十五年）に昭和天皇第一皇女誕生を記念して「こども博覧会」が同会場で開かれた（動員五十万人）のが始まりだろう。ウィーン・ゼツェシオン風の水族館だけでなく、新天地館・民謡館・演芸館など大人向けの出し物も引き続き人気を博していた。

第二会場では産業館（元・平和博外国館が見本市会場として存続していた）を機械館として利用し、ほかに植民地各館と国防・航空館が立ち並んだ。水上に伝統建築を浮かべ、舟橋でつないだ朝鮮館や、マンサード屋根と高窓を組み合わせて複雑な形状を呈した屋根の下で防毒マスクを展示した国防館などが特筆に値する。

第一会場では鋭角を連続させた大礼記念館や呉服店の出店、第二会場では三角の稜線を連続させた正門、正円ヴォールトにガウディ風の小塔や破風を取り付けた樺太館、あるいは逆三角形を張り出した北海道館などが、アールデコあるいはプラハなどに見られるキュビスム建築の造形を呈している。

国産振興というテーマでは、博覧会事務総長の倉橋藤治郎に誘われて出展した、柳宗悦らの考案による民藝館で、黒田辰秋の木工家具、青田五良の染め物などが展示された。建物は当時としては一般的な坪単価百六十九円、建具含め目標を少し上回る一万二百円で完成している。建物と展示品は同博終了後の十二月、当時日本麦酒鉱泉常務取締役を務めていた山本爲三郎の大阪自邸に「三国荘」として移築された。これは柳や河井寛次郎、浜田庄司らが一九二四年のソウル・景福宮内の朝鮮民族美術館に続き、二六年に「日本民藝美術館設立趣意書」を発表した活動を引き継ぐものである。設計・施工は、綿織物が盛んな浜松で運動に共鳴した素封家・高林兵衛、また同家出入りの大工と瓦師がおこない、費用も博覧会予算と高林の寄付によったという。平屋で真壁造り、桟瓦葺きの切妻屋根で平入りと外観は平凡（遠州の民家に習ったとされる）だが、内装には卍崩しなど朝鮮の意匠が見られ、ソファや板間も取り入れられている。

この博覧会後の一九三一年（昭和六年）から二年の短い間、常設館として日本民藝美術館が浜松市有玉の高林家内に設けられ、三六年（昭和十一年）の駒場・日本民藝館開館に向けての民藝運動の命脈が保たれた。

大礼記念京都博覧会（一九二八年〔昭和三年〕九月二十日―十二月五日）

京都市は、一九二七年（昭和二年）二月、昭和天皇即位大礼の挙行地として記念博開催を決議し、翌年九月二十日から十二月五日まで、東の岡崎公園（それ自体が一八九五年〔明治二十八年〕内国勧業博の跡地十万平方メートルである）、西の二条城北西に位置する千本丸太町の監獄跡地（現・主税町）、南の恩賜博物館（市営、後の京都国立博物館）で大礼記念京都博覧会を分散開催した。東会場には第一・二本館、大礼館、美術工芸館、植民地と各府県の出展館が並び、西には発明・機械・電気・百年後の世界といった展示館と児童遊園（後の二条公園）が設けられ、南では古美術品が展示され、各会場を博覧会バスが接続した。延べ三百十二万人が会場を訪れた。なお二八年三月に久宮祐子内親王が〇歳で死去したが、大礼は同年十一月におこなわれている。

同趣旨の博覧会は各地でおこなわれ、名古屋勧業協会主催で鶴舞公園を会場とした同市初の本格的博覧会である御大典奉祝名古屋博覧会は百九十四万人（好評のため会期を延長した）、大阪市主催で天王寺公園を会場とした大礼奉祝交通電気博覧会は百万人を集めている。この時期、各地の見本市や展示会・博覧会の類いに大礼の名を冠するのが通例と化していたが、京都博は即位礼の会場たる京都御所を取り巻く三会場の構成からも集客数からも、真打ちと呼ぶべきだろう。

第一本館前の列柱などは鋭角を連続させたアールデコ風だが、古典的な連続正円アーチの第一本館（勧業博第二勧業館）、彫像を頂点に配した噴水塔、当地の伝統建築に則った朝鮮館や中国風の美術工芸館、和洋折衷の第一会場正門、「高山族」と呼ばれた台湾原住民の意匠を取り入れたとおぼしき台湾館、重厚な造形が後年の忠霊塔を想起させる万歳塔など、建物の造形はきわめて多様である。西会場では北斗七星が描かれた壁面から球体が飛び出したファサードの「百年後の世界館」と「大楠公館」が隣り合い、人々の想像力の拡大と、その原動力としてのイデオロギーの両面を物語るかのような配置になっている。その隣は孔雀の羽にも似た飾りを掲げた双塔を前面に立てた演芸館だった。当時大阪毎日新聞論説顧問を務めていた西村真琴が文字を書くロボット・学天則を初めて出展したのも、この博覧会である。

鳥瞰図絵師の吉田初三郎は京都図絵と称して博覧会会場を描き入れた鳥瞰図を作成し、市はこれを邦文二万二千部、英文五千部で印刷・配布したという。大礼に間に合わせるべく同年に西院（当時京都市外）まで開通した新京阪鉄道（現・阪急電鉄京都線）は、同図上ではまだ予定線である。同じ大礼記念として、この博覧会の後になって平安神宮大鳥居（一九二九年〔昭和四年〕）、また京都市商品陳列所（勧業博美術館を移築）の跡地に大礼記念京都美術館（一九三三年〔昭和八年〕、現・京都市美術館）がそれぞれ岡崎公園内に建設された。

復興記念横浜大博覧会（一九三五年〔昭和十年〕三月二十六日―五月二十四日）

絵はがき4　復興記念横浜大博覧会

横浜市は一九三五年（昭和十年）、関東大震災からの「復興記念横浜大博覧会」を開催し、三月二十六日から五月二十四日までの間に三百三十万人を集めた。経済復興、貿易・産業促進、工場誘致と土地利用、観光客増加などによる市民の復興意欲の増進と、内外からの支援に対する感謝と復興の報告という目的があった。箱根振興会と旅館組合はこれに付随して湯本で箱根観光博覧会を同年の四月十日から六月八日まで開き、五万二千人を集めている。神奈川館に箱根のジオラマを出品、山下公園で大名行列をおこなうなどの交流があった。

会場の山下公園は、震災瓦礫の集積場として始まり、山手隧道の掘削土、大岡川の浚渫土を埋め立てて一九三〇年（昭和五年）に開園している。山下埠頭は戦後の埋め立てなので、当時の公園はその全体が海に張り出した人工的・近代的な敷地だった。博覧会開催時点で区画整理・道路整備など市担当の復興事業はほぼ終了しており、同じく新設の野毛山公園で二九年（昭和四年）に復興祝賀式が挙行されていた。しかし二七年（昭和二年）、すでに渡辺仁設計・五階建てのホテルニューグランドが公園向かいに開業していたものの、同博ではこれとアメリカ領事館・スタンダード石油の区画に挟まれた道の山下公園側突き当たりに、ホテルに達する高さの正門を置きながら、現・産業貿易センターからホテルニューグランドを挟んで現・横浜人形の家にいたる山下公園通り（元の海岸通り）沿いの一連の区画も会場としていた。つまりこの公園向かいの会場は、復興から取り残された空き地の有効活用でもあったのだろう。

公園内の色鮮やかな一号館から五号館には各県や樺太、その他諸団体が出展し、寺院を模した奈良館、城を模した名古屋館、各地の宮殿をうつした朝鮮・台湾・満州館、モダンな北海道館・神奈川館、看板建築の東京館など特設館も立ち並んだ。寺院を模したシャム館、アメリカン・ロデオ（「インデアン・カウボーイ」とオートバイサーカスなど）を出した外国演芸館など外国三館も充実していた。近代戦のジオラマを展示した陸軍館、軍艦を模した海軍館、近代科学館などの定番パビリオン、博覧会の趣旨どおりの復興館・開港記念館などとともに、蚕糸館や木材標本館は当時の輸出産品を反映し、また交通観光館・海洋発展館、モダニズム建築のブラジル館は港を介した人々の往来を示している。キリンビール、エビスビール、森永製菓、横浜護謨製造、ビクターレコード、京浜電鉄なども出展した。

娯楽施設では東京日日新聞社の「子供の国」や演芸館（芸妓が「はまおどり」を披露した）などの定番以外に、鮑採りや真珠採りを見せた竜宮城型の海女館、海上の生簀にクジラを泳がせた生鯨館などが目を引く。逓信省電気試験所の曾根有は本博で、飛び越し走査方式で受像するテレビジョン電話の公開実験をおこなった。当時先行していた浜松工業高等学校・高柳健次郎らによる電子式受像方式と早稲田大学・山本忠興らの機械式受像に並ぶ新方式をアピールしたが、一九三三年（昭和八年）にアメリカで試作された、送受像ともに電子式のアイコノスコープがこれらを駆逐することになる。

名古屋汎太平洋平和博覧会（一九三七年〔昭和十二年〕三月十五日—五月三十一日）

名古屋市は十二代市長大岩勇夫の下、一九三四年（昭和九年）の名古屋駅開業や人口百万人突破、開港三十周年と港湾の完成などを内外に宣伝すべく、三七年（昭和十二年）三月十五日から五月三十一日まで国際博覧会を計画したが、四〇年の東京・横浜での日本万国博覧会を国が計画中のため、太平洋周辺に参加国を絞った計画に変更した。それでも本博覧会が日本初の国際博である。

会場は東西では堀川と中川運河の中間、南北では都心部と遠浅の地形のためそこから離れて築かれた名古屋港との中間にあった熱田前新田（現・港区役所周辺）の沼地十五万坪（約五十ヘクタール）である。国内、各植民地に加え、太平洋沿岸と名古屋ゆかりの二十九カ国も出展し、多くは中南米館や外国館に収まったが、シャム、ブラジル、オランダ領インドばかりか冀察、冀東など大陸自治政府もそれぞれ独立館を置いた。総裁に東久邇宮稔彦王を迎えて予防線を張ったものの「平和」の名称が嫌われ、陸軍将校の正式入場はなかったが、四百八十一万人が入場した。博覧会単体で見ると支出三百二十八万円、収入三百三十五万四千円。その他交通整備を含めると千六百万円の費用を要したが、臨港地域、特に運河沿岸の敷地分譲が進んだという。

市電博覧会線（後の野立築地口線）が新たに敷設された道路が会場を南北に貫き、西会場南縁の中川運河支線が東会場を東西に貫き、道路と運河の交点に架けられた平和橋が現存している。東西に貫かれた東会場中で、運河支線がさらに北に延びるため、東会場には東西南の三ブロックが生まれた。鉄道省は会場西脇にあった名古屋港貨物線に臨時駅を建設し、名古屋駅と往復運行した。南北道路の中央ではそれぞれ半円形平面の東西入場門が円形の広場を形成し、緑地帯と道路がそこから放射状に延びて各展示館を区画した。

西会場では機械・交通運輸・農林水産・蚕糸染織・資源燃料・電気逓信・ラジオ・観光・近代科学各館などと豊田式（自動車）、日本製鉄、三菱重工（航空機）の産業展示に加えて航空国防館が配された。東会場西ブロックでは二棟の産業本館と豊田織機、日本陶器と保健衛生体育・教育社会などの館が北側に置かれた。各府県・各国館と貿易・海外発展館が南側にそろい、また東ブロックでは寡黙なモダニズム的意匠の平和塔を囲んで愛知名古屋館、迎賓館（徳川園蘇山荘として移築され現存）、台湾・京都・満州館と文化住宅街、映画・演芸・奏楽堂などが建てられた。南ブロックでは子供の国と野外劇場、大演技場、海女館が配置された。各会場を橋、隧道、会場内鉄道がつないでいる。

すでに外壁全体を看板とする広告手法が都市でも恒常化し、博覧会建築もこれを徹底したなか、伝統様式を貫く台湾・朝鮮・京都館、アールデコ的に垂直線を強調し権威的な佇まいを示す国防航空館、近代科学館、教育・

社会館などはある意味ですがすがしい。近代科学館にはパリ万博から直径八・五メートルの世界一の大地球儀が到来し、東会場西ブロックでは、ドレスデン衛生博物館に特注した骨格と内臓を見せる巨大人体模型が「透明人間館」に出展され、それぞれ人気を博した。

参考文献

川島智生「高林兵衛邸と日本民藝美術館」、藤田治彦／川島智生／石川祐一／濱田琢司／猪谷聡『民芸運動と建築』所収、淡交社、二〇一〇年、六八―七五ページ

博覧会とデザイン——絵はがきデザインから見る博覧会

大平奈緒子

博覧会絵はがきは、博覧会の様子を伝えるだけではない。絵はがきのデザインからは、その時代の流行やその背景を読み取ることができる。

博覧会絵はがきを見ていくうえで、その技術的側面で三つの重要な点を挙げてみよう。一つ目は、一九〇五年前後（明治三十年代後半）から石版印刷が広く使われるようになり、カラーの大部数を印刷することが可能になったことである。二つ目はコロタイプの再現性がある写真を印刷することができるようになったこと、三つ目に紙の質がよくなり分厚い紙でエンボス加工が可能になったこと、である。これらの条件がそろった絵はがきが最も高級であり、力のこもった絵はがきである、と当時の人々は考えていた。例えば、〇七年（明治四十年）の東京勧業博覧会の絵はがき（絵はがき1）を見ると、アールヌーボーデザインの木が何本も立ち並ぶ風景がカラー石版で描かれ、その中心に、コロタイプの会場写真が印刷されている。その写真を紹介するように立つ女神には、銀でエンボス加工が施されている。こうした絵はがきは当時の最新の技術が使われていて、量産消費を念頭に置かなければその制作自体可能ではなかったものである。

一九一四年（大正三年）の東京大正博覧会で発行された記念絵はがきも、石版のカラー印刷で十九世紀末にウィーンなどで流行したセセッション（ウィーン分離派）風の幾何学的な直線と植物的な曲線を強調したデザインに、コロタイプの会場写真を三枚使い、写真の枠とそれを飾る花にはエンボス加工がなされ、銀の箔押しが施された贅沢なものだった（絵はがき2）。絵はがきの縁も空押しで縁取られている。どちらの枠も単なる一本線の加工がされているのではなく、丸と長方形、細かい点を組み合わせるなど手が込んだものだった。さらに、博覧会の記念スタンプのようにデザインされたマークには文字と線の部分に凹みを作る、デボス（逆エンボス）加工が施されている。

同じ東京大正博覧会で、伝統的な図案を多用した絵はがきがある。背景を萩のような植物模様で飾り、エンボスで鳳凰を描き、閑院宮載仁親王をはじめとする役員の肖像写真や会場写真をコロタイプで印刷、金と銀を使った箔押しを施した大変贅沢なものだ（絵はがき3）。載仁親王の肖像は菊の花で縁取られていて、そのほかアールヌーボー風のデザインが施されてはいるものの、使われたモチーフは萩や菊、鳳凰などで、流行のデザインとい

絵はがき1　東京勧業博覧会

絵はがき2　東京大正博覧会

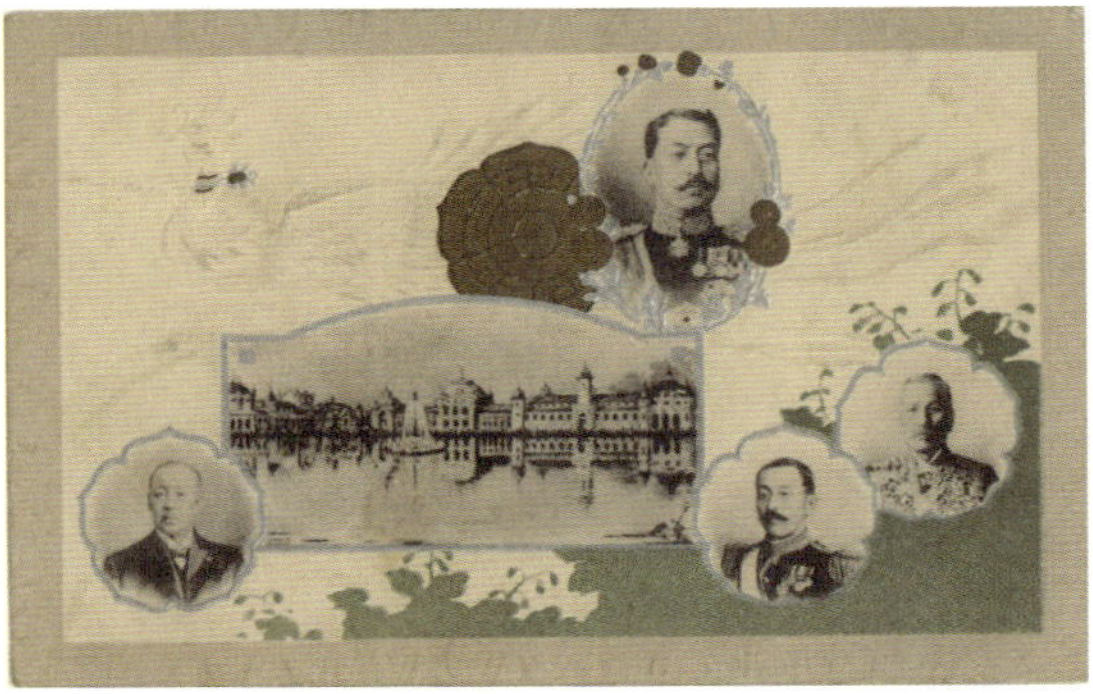
絵はがき3　東京大正博覧会

うよりは、むしろ旧来の伝統を重視したデザインである。

　このように、絵はがきのデザインにはそれぞれに一定の傾向が見られるのだが、一九二二年（大正十一年）の平和記念東京博覧会の絵はがきで、その究極を見ることができる（絵はがき4）。この絵はがきでは、アールヌーボー風の図案で燕子花《カキツバタ》や桜、寺社といった日本の伝統的なモチーフが取り入れられながらも、セセッションのデザインも用いられている。また、石版とコロタイプ写真を組み合わせてエンボス加工を施したもので、これまでの様々な要素をふんだんに取り入れた、博覧会絵はがきの到達点だといえるだろう。

　ここから、新たなデザインが始まる。印刷の質よりも図案が重視されるようになり、エンボス、金箔などは姿

絵はがき4　平和記念東京博覧会

絵はがき5　大大阪記念博覧会（外袋）

を消していくようになる。それが顕著に見え始めるのが一九二五年（大正十四年）の大大阪記念博覧会でのものである（絵はがき5・6）。建物、絵、デザインなど、それまでは時代のモードとして個々にあったものが、総合デザインとしての絵はがきが作られるようになっていく。例えば、写真や写実的な絵で表されていた会場の風景が、建物も人も象徴的にデザインされて描かれるようになる。書き文字のフォントが意図的に使われるようになるなど、文字と図案が組み合わされ、全体に統一性をもたせた絵はがきが製作されるようになったのである。同時に、このころから実際の会場のデザインにも変化が表れている。建物が板片加工の簡易な作りとなり、その場限りのものとして自由にデザインすることが可能になった。メッセージ性の強い建物が多かったこともあり、そ

絵はがき6　大大阪記念博覧会

絵はがき7　輝く日本大博覧会

れらが会場内のデザインを左右していた部分も大きくある。こうした流れのなかで絵はがきは、博覧会会場を詳細に伝えるのではなく、その会場全体の雰囲気を伝える役割を担うようになっていたのだろう。

昭和に入ると、世の中は徐々に軍事色、戦争色が強くなり、絵はがきのデザインにも何らかの意図が見え隠れするようになってくる。一九三六年（昭和十一年）に浜甲子園で開催された「輝く日本大博覧会」（会期四月十日―五月三十一日、主催は大阪毎日新聞社、東京毎日新聞社）の絵はがきは、赤の地色に、博覧会を象徴する塔、そして飛行機、歯車、船を組み合わせてデザインされ、塔の中心や船の先端には日の丸が描かれている（絵はがき7）。表現派や構成派の要素を取り入れながらも、「新しい」日本のイメージを作り出している。この博覧会は「躍進日本の全貌を表現する」と書かれているとおり、明らかに海外侵攻、戦意高揚のために開催されたもので、デザインもまた象徴的にそれを表したものになっている。

博覧会は時代を反映するが、絵はがきも同様なのである。絵はがきに見るデザインとは、その時代を表すデザインでもある。博覧会絵はがきのデザインは、博覧会を主催する側の意図と訪れる側が求めているもの、その双方の思いが刻まれているのだ。これを読み解いていくことは、ひいてはその時代を読み解くことにもつながるのである。

博覧会と建築

天内大樹

博覧会は、十九世紀末から二十世紀後半まで、啓蒙の近代と見せ物・娯楽の前近代との狭間に成立した、力学の場である。各国の製品・産品が文字どおり一堂に会した一八五一年のロンドン・水晶宮以来、啓蒙の近代はそれら製品・産品を陰影なき光（トップライト！）のもとで等価に分類・陳列してみせた。一方、悪名高き人類展示や植民地博覧会のように、見せ物の前近代は伝統建築を模した施設の陰影のもとに、見る者と見られる者／物との距離を演出してみせた。未来を礼賛した技術の啓蒙も、距離の操作次第では見せ物と化す（衛生博物館など）。この近代と前近代は、現代にも百貨店・テーマパーク・観光都市という形でせめぎ合い続けているから、時代概念というよりもイデオロギーとして理解したい。

一八七七年（明治十年）第一回内国勧業博覧会にあたり、左右対称に配置された展示館と幾何学式庭園では「内国勧業博覧会の本旨」すなわち「工芸の進歩を助け物産貿易の開かしむる」ため「万象の眼に触る皆知識を長するの媒とな」ることが追求され、その場に「戯玩の場を設けて遊覧の具となす」ことは戒められた（内国勧業博覧会事務局『明治十年内国勧業博覧会場案内』内国勧業博覧会事務局、一八七七年）。しかし七三年ウィーン万国博覧会で屋内展示と別に「日本社園」つまり縁日が展開されたのと同じく、上野にも「博覧会場付属売物店」街が、会場外ながら計画的に造られた。ウィーンの「日本社園」自体、その後日本国内でも確立されていくランカイ屋の領域だったろう。せめぎ合いは、まずは会場内外を分けることで調停されようとした。しかし国内では関西での第四・五回内国勧業博覧会を通じて再び会場内に持ち込まれる——というより都市全域に及んだせめぎ合いのミニチュアとして会場が構成されるようになる。

したがって博覧会展示館の建築様式について、まずは都市景観の理想として統一が望まれ、ついで「知識を長する」という理念と興行という現実からカタログ化が追求された後、「自己の表現」を経て、モダニズム建築を応用した広告技術の産物と化す過程は、このせめぎ合いの一切片である。

一九〇三年（明治三十六年）の「建築雑誌」（建築学会）で筆名「彌次馬之丞」は、前号で古宇田實が第五回勧業博の報告中に国内博覧会では建築の「形式」の統一が望まれると書いたことにかみついて、万国博覧会でも統一を望むべきことはシカゴやパリのとおりだと述べる（つまり日本開催を念頭に置いている）。一八九三年シカゴ・コロンビア万国博覧会の日本庭園と「鳳凰殿」、一九〇〇年パリ万博のアトラクション“Tour du Monde”などがこの議論で参照されなかったとしても、少なくともシカゴの「ホワイト・シティ」が都市芸術（Municipal Art）運動をもり立て、グラン・パレとプティ・パレをそろえたパリ博会場からアールヌーボーが巻き起こったならば、その影響力の淵源に様式の統一を想定するのは誤りとはいえないだろう。

しかし一九〇七年（明治四十年）の浪和会刊行「建築」誌では大阪の博覧会の反省として「様式も千篇一律なりし」ことを挙げ、東京勧業博覧会では「一二を除く外各館皆様式を異にせり」と紹介する。曰く「第一号館　ローマン、レネーサンス／第二号館　ジヤーマン、ゴシック／第三号館　イタリヤン、ゴシック／第四号館　スイツル、ゴシック／美術館　ローマン、レネーサンス／機械館　イタリヤン、レネーサンス／外国館　イタリヤン、レネーサンス／奏楽堂　ジヤーマン、ゴシック／噴水　希臘式」（ちなみにトップライトの導入も特筆されている）。地域と時代の掛け合わせがここでの様式名であり、会場は様式のカタログと化した。

一九二二年（大正十一年）に開かれた平和記念東京博の展示館は分離派式と総称されがちだった。設計者中二人だけが所属した分離派建築会は、もともと個人と新時代の様式だけを求め、様式の統一や固定化を嫌ったはずだし、同博の実態も様式の乱立というにふさわしい。しかし当時の人々はアールヌーボーやアールデコなどの言葉をもたなかった。筆者は分離派建築会の主張と設計に表現主義の影響を、また設計の一部にはドイツで改革建築と呼ばれ中国・山東省青島の建設時に多用された地域様式の影響を認めるが、それも後世の視点からである。世界的にカタログ化されていた西洋共通の伝統様式と、後に世界を席巻するモダニズム建築との狭間にあった彼らに、用意された言葉はあまりに少なかった。また二五年（大正十四年）仙台建築展に分離派の展示があったという「河北新報」記事がある。出品したのは実は分離派建築会のメンバーではなかったが、浪曲披露もちょうちん行列もあった建材の見本市に、理念を伝える建築展を併催する動きがあったことは、近代を併呑する前近代の逞しさを示すだろう。

建築様式としてモダニズムが世界を席巻した一九三〇年代以降の博覧会建築では、伝統建築を模した植民地館としばらく残存するアールデコの影響を除けば、建物全体を看板と見立ていかに人々の目を引くかという一点に課題が集約される。これは私たちが戦後体験した様々な博覧会と特に変わることはないだろう。理念は建築形態そのものよりも、それを構成する技術と結び付くようになり、別のストーリーを編み出していく。

絵はがき1　平和記念東京博覧会の交通航空館

第5章　観光と地域振興

熊倉一紗

地方産業の振興はいつの時代でも重要な課題である。特に戦前期の日本の各都市では、港湾や鉄道、幹線道路といったインフラが整備されつつあり、さらなる発展が希求されていた。また、観光資源は経済を活性化させる要素として大いに期待されていた。こうした地方興隆の機会を逃すまいと企画・実施されたのが博覧会である。本章では、日本の様々な地方都市で、地域振興を目的に開催された博覧会について紹介していく。

全国産業博覧会（一九二六年〔大正十五年〕四月一日―五月十日）

一九二六年（大正十五年）四月一日から五月十日の春陽の時期にかけて、兵庫県姫路市で全国産業博覧会が開催された（絵はがき1）。主催は姫路商業会議所で、会場は白鷺城を背景とした姫路城南練兵場である。敷地面積は一万六千二百五十十坪（約五・四ヘクタール）、本館を含む建物の総面積は三千七百六十三坪（約一・二ヘクタール）の規模だった。参加府県は一道三府四十一県に加え、朝鮮、台湾、南洋、樺太からの出品もあった。動員数は、四十四万四百十六人を数えた。

大正末期の日本経済は深刻な不況に陥り、輸入も超過している状態であった。さらに東京や大阪、京都といった大都市だけでなく、各地で博覧会や共進会が次々と開催され、当時の人々にとっては食傷ぎみの感さえあった。そのようななか、一九二二年（大正十一年）に発足した姫路商業会議所は、地域産業界の覚醒を促し、国家産業の振興に資するため、独自の博覧会を開催するにいたる。

もともと姫路は、中国・四国・近畿地方の交差点ともいうべき交通至便の土地で、海陸運輸の中枢に位置していた。当時の新聞記事によれば、「この地において全国各地の生産品を蒐集し、これを相互の研鑽、品評に供することは、まづ以つて地の利を得たもので、姫路としては未曾有の計画であり、商業会議所の主宰でやることも全国においてこれが嚆矢であらう」と評されている（「大阪朝日新聞」一九二六年四月一日付）。兵庫県や姫路市はもとより、商工省、農林省、鉄道省、陸軍省、朝鮮総督府、台湾総督府、南洋庁、樺太庁、そのほか大阪商船や川崎造船所の協賛を得て、さらに市内各新聞通信社や大阪、神戸新聞の姫路支社が援助したことにより出品数も予想以上に達し、本館を増築するなど、状況としては大変よかったようである。

絵はがき1　全国産業博覧会

博覧会の玄関ともいうべき正門は、高さ約二十四メートルの巨大な半円形で、虹をかたどったその表裏に電燈装飾が施されるという斬新な意匠と雅趣に富んだ外観を見せた。会場の中央広場には高さ約二メートルの噴水塔が設けられ、電動機によって三メートルを超える噴水を起こし、夜には東西二カ所から赤と青の投光器によって噴水に色がつけられていたという。その光景はまさに「奇観」だった。

朝鮮館は全館中、唯一建物に色彩が施された建造物だった。「赤や青やケバケバしい絵具を塗つた朝鮮の御殿のやうな建物」（「大阪朝日新聞」一九二六年四月一日付）で、内容、外観ともに最も好評を博した。付属の食堂では、純朝鮮米を用いて和食と洋食を提供し、さらに美人の朝鮮人二人を接待にあたらせて、相当な人気を呼んだようである。台湾館は中国式の建物で、陳列、即売、喫茶の三部門に分けられていて、珊瑚や竹細工、木工品、織物、蛇皮製品、砂糖その他の珍品を陳列していたが、観衆の人気を呼んでいたのは喫茶店だった。ウーロン茶と菓子を販売して、さらに美人の台湾人二人、同じく内地の美人三人を給仕にあたらせていたためである。こうした試みは多大な営業利益をもたらした。

全国産業博覧会（一九二七年〔昭和二年〕九月十一日―十月二十日）

一九二七年（昭和二年）九月十一日から十月二十日初秋の時期、山形県山形市で全国産業博覧会が開催された。会場は三つに分かれ、第一会場は同年六月にできたばかりの山形市第一小学校、第二会場は山形商品陳列所、第三会場は山形市役所、雁島公園、山形商業会議所であった。出品に関して、東京、京都、大阪、名古屋、神戸、横浜の六大都市をはじめ、各府県市、商業会議所、商品陳列所、実業組合団体などの協賛を得た。参加道府県は、一道三府三十九県にわたり、朝鮮、台湾、樺太、満蒙、南洋からの参加も見られた。主催は山形市で、動員数は八万八千三百七十五人にのぼった。

一九二六年（大正十五年）四月に姫路商業会議所主催で開催された全国産業博覧会は、山形市民に大きな衝撃を与えた。産業の振興と経済界を救済する速やかな方法とは、全国産業博覧会の開催が最善の策だと強く思わされたのである。第一次世界大戦終了後に世界を襲った恐慌の波は、日本の産業界にも甚大な影響を及ぼした。国産の振興を図ることは、まさに喫緊の課題だったのである。

山形県は、一九一六年（大正五年）に奥羽六県連合共進会を主催している。その経験から規模を拡大して日本全土の産業の実態を公開し、産業界の覚醒を促そうと試みた。全国産業博覧会を山形市で開催した理由はここにある。当時はちょうど、山形県下の交通機関が整備され始めたころでもあった。奥羽線、陸羽線、羽越線が全通し、縦横の往復が容易になった時期である。多くの支線も開通し、山形市はその中心に位置していたため、博覧会の開催地としてきわめて適当な場所だったわけである。また、山形県は広大な土地を有し資源も豊富だったため、これからの産業進展にも期待が寄せられていた。

第一会場に設置された南北館は、細長い長方形を縦に組み合わせたもので、各長方形の頂点には一辺に三つほどの正方形が刳《く》り貫かれ、これが会場内で最も高い建物だった。北海道館では、アイヌ民族の文化に特徴的な渦巻きや円が組み合わされた文様が外観の周囲を装飾していた。

絵はがき2　全国産業博覧会

絵はがき3　全国産業博覧会のポスター

子供の国では、浦島太郎に登場する竜宮城の六場面がジオラマで展示されていた。だが、なかには童話の世界にふさわしくない海戦や、沈没船の引き揚げ、未来の戦争といったものも展示されていたようである。ほかには山形市初となるメリーゴーラウンドなども設置されている（絵はがき2）。メリーゴーラウンドは、自動車・自転車・乗馬の模型を作り、動力で回転させた。余興館では、明治金時一座の怪力、小天勝の奇術、支那奇術、冒険運動、電光術などが催されている。

発行された絵はがきのデザインは先行して作られた告知用の博覧会ポスターを流用したもので（絵はがき3）、ローマ神話に登場する産業の神として知られるメルクリウスが描かれている。身体はところどころ丸みを帯びていて、メルクリウスの持物であるカドゥケウスの杖らしきものを持つ。口にくわえたラッパとカドゥケウスが水平垂直の直線を形成しており、構図として整然とした印象を与えている。

東亜勧業博覧会（一九二七年〔昭和二年〕三月二十五日—五月二十三日）

東亜勧業博覧会は、一九二七年（昭和二年）三月二十五日から五月二十三日まで福岡県福岡市で開催された。会場となったのは市内西公園と大濠埋め立て地である。敷地総面積は十一万四千六十八坪（約三十八ヘクタール。そのうち陸地が六万六千六十八坪〔約二十二ヘクタール〕、水面が四万八千坪〔約十六ヘクタール〕）であり、ほかの博覧会と比較してもその規模はかなり大きく、東京大正博覧会や平和記念東京博覧会といった大都市開催のものに継ぐほどであった。主催は福岡市で、動員数は堂々の百六十万三千四百七十二人を数える。

福岡市は、一九一〇年（明治四十三年）に開催した共進会を出発点として、電車の開通や市区の改正、工場の誘致などを推進した。この博覧会開催は、福岡市をさらに発展させる起爆剤として企図されたものである。市の活気を増大させ、西日本の文化の中心として沽券を高めることが、この博覧会開設の重要な意義だった。

また福岡市は、九州の心臓部に位置し、中国や朝鮮半島と近く、日本貿易史上重要な場所である。福岡に残る

絵はがき4　東亜勧業博覧会

郷土史蹟、異国情緒ある遺址や伝説を紹介して旅行客を誘致すること、さらには将来の博多港の完成に伴って、国内へは加工精製の雑貨工業を繁栄させ、国外へは原料未製品の輸入量を増やすことで、福岡市を生産地兼輸出港として成功させることをねらったのである。福岡市が東亜勧業博覧会を開催した目的とは、地方の産業を啓発し、また国家全体の産業振興、特に対朝鮮、対中国貿易の進展に寄与することだった。

博多駅前には博覧会を訪れる来場者のための歓迎門がそびえ、千代町の大橋、今川橋の袂、そして博多港の埠頭に歓迎アーチが設けられていた。また、博多駅から萬町停留所にいたる道にはおよそ十四メートルごとに二百ワットの電気照明灯が並び、萬町から会場正門前までは十一メートルごとに雪洞《ぼんぼり》柱を建てて街路の要所に国旗を十字に交差させていた。町中は花電車が東西南北を走り回り、周囲一帯はケバケバしい色と喜びの響きに満ちていた。

正門は表現主義を加味したドイツ近世の様式であり（絵はがき4）、中央入り口の両側には高さ三メートルの工業神、商業神の彫像を対にして配置していた。本館は三千八百八十余坪（約一・三ヘクタール）の広壮な建造物で、クリーム色の外壁が周囲に配植した檜の緑と対照をなし、中央には高さ約二十六メートルの高塔がそびえ見た目にも壮麗だった。

本館前広場と池を横切る柳島との中間に位置する場所には、高さ十九メートルの水晶球塔が水上に屹立していた。八角形の軀体の塔頂にあった直径百二十一センチの水晶球は鏡張りで、これは真紅のガラス球で覆われていた。塔壁は赤、橙、黄、緑、青、藍、紫の色瑠璃を巡らせ七色を表し、夜間は塔の内部に設置した電球数十個を使ってあたりを照らした。そのため、七段の噴水孔から落下する水滴は七色の光を反射させ、夜の闇のなかに虹を現出させたのである。昼間は、塔頂の多面球に太陽の光が反射して中空に輝いており、会場内一の美観を誇っていた（絵はがき5）。

絵はがき5　東亜勧業博覧会の夜景

大日本勧業博覧会（一九二八年〔昭和三年〕三月二十日―五月十八日）

大日本勧業博覧会は一九二八年（昭和三年）三月二十日から五月十八日にかけて岡山市主催で開催された。岡山市制四十周年記念の博覧会であり、博覧会場はそれぞれ第一会場である練兵場が岡山市の西北、第二会場の東山公園が東南、第三会場の鹿田駅跡が西南、そして後楽園が東北に位置しているため（絵はがき6）、観覧者は市内を巡るかたちになり、市を紹介するにはふさわしい会場配置だった。動員数は百三十三万三千二百八十二人となっている。

岡山市は中国地方の中心地で交通の要衝を占めていたため、当時急速な発展を遂げつつあった。例えば、伯備線の開通を控え、第二期水道拡張工事も終え、多年にわたって懸案となっていた都市計画や旭川の改修も実現を迎えようとしていた。くしくも一九二八年（昭和三年）は岡山市制四十周年の記念の年にあたる。したがって、岡山市の沈滞している経済的状況を打開するために、日本国内だけでなく台湾、朝鮮、樺太および委任統治地、租借地の物産を網羅して内外産業の現状を一望のもとに展示し、ここ岡山市で一大博覧会を開催することは、産業界の向上、国産品の愛用を促進し、ひいては貿易の発展につながると期待されたのだった。

正門は高さが約九メートル、その装飾の細部がすべて直線で、梁を支える持ち送り部分も幾何学的立体模様であった。窓の上下などには赤緑の色彩を塗布し、壁の黄色と調和するよう配慮されていた。建築様式としてはセセッション式に中東のアラビア芸術を加味したものである（絵はがき7）。本館は、ライト式を加味した近世式建築で、細部は表現式浮き出し模様によって装飾し、新しさを表現していた。そのほか、発明機械電気館や農水産館、参考館などの建築様式は、直線を強調したセセッション式で、幾何学模様を施した瀟洒な洋風のものだった。それに対して朝鮮館や台湾館は現地の建築物を模していたり、熱帯植物園を現出させるなど現地の様相を表していた。建物の内部は陳列、即売と分かれていて、朝鮮館では農産物、人参、水産物、毛皮、扇子および紙製品、莞草細工、藁細工などを、台湾館では籐製品、楠細工、ウーロン茶、熱帯果物缶詰、支那人形などを即売していた。

絵はがき6　大日本勧業博覧会の全体図

絵はがき7　大日本勧業博覧会の正門

大日本勧業博覧会には、水族館がお目見えした。竜宮城を模した二階建ての建物で、正面に滝の模型を造って右側が貝類、左側が魚類と区分された各数百の標本があった。突き当たりに水槽があり、右が塩水、左が淡水に分かれていた。会場は夜間も開かれ、煌々とともる電飾によって、あたかも不夜城のような美観を現出した。木下サーカスや足立動物園、アイヌの熊祭り、日光の模型などは無料開放で、夜には仕掛け花火も打ち上げられるなど、閉会までの二十四日間は入場者の興趣をそそるものにあふれていた。

東北産業博覧会（一九二八年〈昭和三年〉四月十五日—六月三日）

桜の花が咲き誇る一九二八年（昭和三年）四月十五日から六月三日まで、宮城県仙台商工会議所の主催により、東北産業博覧会が開催された（絵はがき8）。会場は仙台市内の三カ所に分かれ、第一会場は川内旧騎兵隊跡地、第二会場は桜ヶ丘公園、第三会場は榴ケ岡公園をあて、総面積は四万六千坪（約十五ヘクタール）だった。入場者数は四十四万八千六百五十一人を数えた。

仙台市では、明治時代から博覧会や共進会がいくつか開催されていた。しかしながら規模が小さいものだったり、総合的なものとはいえなかったり、あるいは計画の頓挫を余儀なくされたりしていた。そのようななか、ちょうど仙台市電車や塩釜港の建設、宮城電気鉄道の松島延長、仙台—山形間の鉄道の建設着手、仙台市役所の新築計画が立ち上がるなど、様々なインフラが整いつつあった。こうした機会を逃すまいと仙台市内の有志たちは博覧会促進同盟会を結成し、宮城県、仙台市、商工会議所に建議書を提出して博覧会開催を要請する。博覧会開催の目的としては、日本国内の産業の進歩と、東北でのなお一層の開発振興に貢献するというものだった。

博覧会の東正門は、幅約十九メートル、奥行きと高さは約四メートルで、屋上に高さ十メートルの装飾塔を二つ設置していた。装飾塔はすべて艶消しガラス張りで、最上部にダイヤモンド型の電飾を取り付け、装飾塔内部は各層ごとに点灯する装置が施してあり、見た目には水晶でできた塔のようだった。会場内にはケーブルカーも設置され、広瀬川の上空を横断して第一、第二会場を連絡し入場者の往復に寄与した。客車定員数は八人で、乗車時間は五分。その間、特設物や第一会場付近の大工町一帯を俯瞰することができ、その眺めはきわめて良好だったようである。

内部に鯨の模型、鯨の鬚、骨の工作品などを陳列した鯨館は、国内での捕鯨状況を展示していた。館の一端には活動写真映写場を設けて捕鯨状況を上映していたほか、屋上には捕鯨船の模型をのせ、館前には捕鯨具を備えるなど、水産思想の涵養に努めた。

日光東照宮の模型を特設した日光館では、日光廟模型ならびに神輿渡御行列人形などの展示をおこなっていた。本殿は実物の十五分の一、そのほかはすべて十分の一に縮小され、場内には電力応用の華厳の滝、通天橋を設け、入り口には日光の陽明門に模した大楼門を建てるなど、その意匠と色彩は華麗さを演出していた。館内では演舞や活動写真の無料観覧などもあったほか、場外には大鳥居や無数の大灯籠を配置し、また楼門前には一般の参加者向けの休憩所を設けた。日光館はこの博覧会で特設された施設のうち、最も好評を博し盛況を収めていた。

絵はがき8　東北産業博覧会

産業と観光の大博覧会（一九三二年〔昭和七年〕四月十二日―六月五日）

石川県金沢市主催の産業と観光の大博覧会は、一九三二年（昭和七年）四月十二日から六月五日まで開催された。ちょうど開催前年の九月中旬に満州事変が勃発し、また博覧会の開催年である三二年一月には第九師団が第一次上海事変に動員され、中止にするか断行するかで混乱したという。

しかしながら、結果的に開催することが決定し、非常時の緊張感のもと準備をすすめ、四月十二日に無事開催にこぎつけることになる。第一会場は小立野練兵場、第二会場は旧金沢城本丸跡だった。この二つの会場は、兼六園を間に挟んで連絡していたため、市内を一つの大きな会場にすることができ効果的だったようである。入場者は五十六万八百四十人だった。

産業と観光の大博覧会は、国内産業を振興し、また北陸という一地方の発展に寄与する目的で企画された。この博覧会では国内だけでなく、朝鮮、台湾、樺太、満州各地の産物が寄せられ、その総数は三十一万点を超えるなど多岐にわたった。

絵はがき9　産業と観光の大博覧会の第一会場

絵はがき10　産業と観光の大博覧会　国防館

金沢市は、日本海沿岸地方の中央部に位置し、産業では重要輸出品である絹織物をはじめ陶磁器、漆器、友禅、蒔絵などほかに類を見ない独特の産業文化が栄えていた。観光では兼六園をはじめ、付近一帯に風光明媚な山海や峡谷、温泉もあり、優れた観光資源を備えていた。このような金沢市の姿を周知させることもまた、この博覧会が企画されたゆえんだった。

産業と観光の大博覧会の建物は、全体的に四角の形状を基調としていて、そこに丸窓を設けたり、あるいはガラスを多用したりして非常にモダンなものに仕上がっている。また市松模様が装飾として用いられているのも特色の一つといえる。

博覧会のメイン会場というべき本館は、会場のいちばん奥に置かれた。高さ約三十六メートルの巨大な塔がそびえ立ち、曲線模様のサッシ、色ガラスによって装飾が施されていて、雄大壮麗の気品ある建築で、会場のなかで最も大きなものだった（絵はがき9）。軍事関連では国防館があり、陸・海・空軍を象徴するために、全体は軍艦をテーマとし砲弾型の塔がそびえるという特徴的な外観を有していた。その砲弾型の塔の先端は金色に輝き、その下部は極彩色の国旗あるいは軍人の各兵種別の襟章が市松模様としてはめ込まれている。会場内のなかで最も特異な建築だったといえるだろう（絵はがき10）。演芸館は、建物全体の構造が矩形で、壁に施された装飾なども水平垂直を基調としているが、窓は丸型、塔に設けられたプロペラもやはり円で、建物に律動的印象を与えていた。噴水塔は、全面ガラス張りの円塔が中央に置かれ、その周囲に角張った十二本の水樋が設けられ、やはりガラスがはめ込まれていた。噴水を取り囲む円形の池の内部に照明が施され、中央のガラス張りの円塔の内部にも多数の電灯が配されて、夜間はそれらがすべて点灯し、燦然と輝く光の塊が躍動するようだったと形容された。

伊賀文化産業城落成記念・全国博覧会（一九三五年〔昭和十年〕十月十二日―十一月十日）

一九三五年（昭和十年）十月十二日から十一月十日まで、上野白鳳公園を会場に伊賀文化産業城落成記念・全

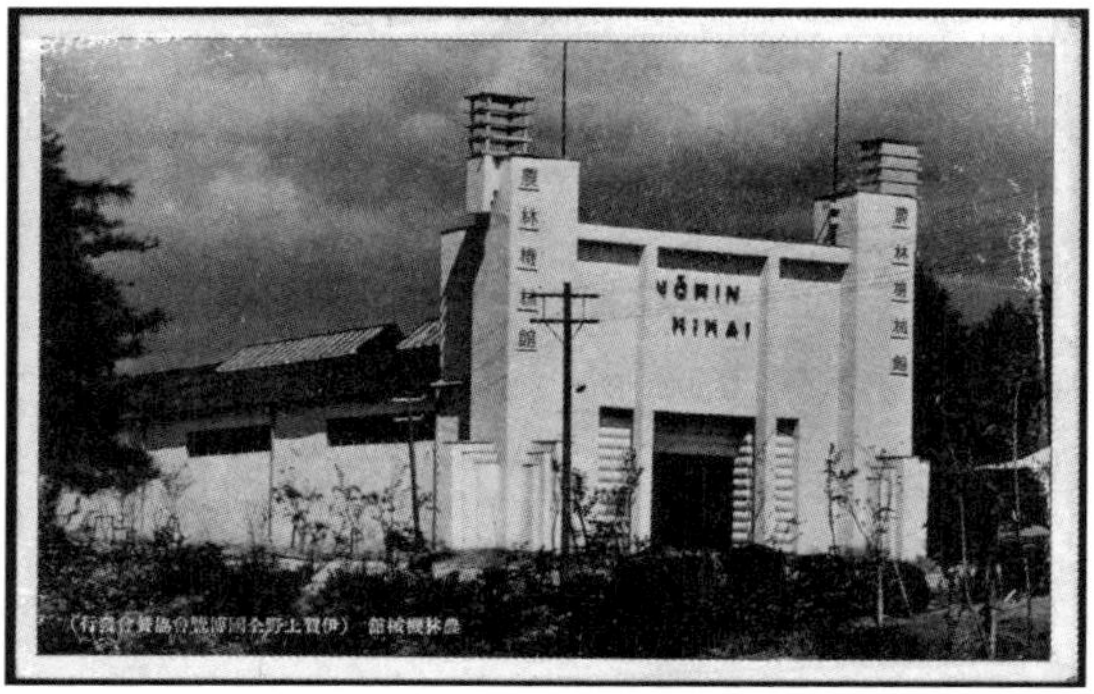

絵はがき11　伊賀文化産業城落成記念・全国博覧会の農林機械館

絵はがき12　伊賀文化産業城落成記念・全国博覧会の美術館

国博覧会が開催された（絵はがき11・12）。主催は伊賀上野町で、入場者数は不明である。

伊賀上野出身で司法政務次官を務めた代議士・川崎克により、絢爛豪華で名高い桃山建築の様式にのっとって、白凰城址天守台に三層の天守閣が建てられた。「伊賀文化産業城」と名付けられたその城は、純日本美術と武士道精神の鼓吹とともに、地方産業文化の開発顕揚の目的をもっていた。天守閣の第一層は産業館、第二層は文化歴史館、三層は展望楼として地方史学ならびに産業文化に貢献した。この伊賀文化産業城落成を記念して、国産の振興と文化の発達ならびに観光の進展に資することがこの博覧会開催の目的だった。

上野町駅から会場の正門前まで、様々な通りに紅白の柱を基調とした極彩色の鮮やかな街路装飾が連なっていた。裁判所前の交差点にはネオンが輝く大きな歓迎門を設置し、そのほかにも市内各所に美麗なアーチを設け、伊賀上野市全体が博覧会一色だった。

真紅の旗をはためかせた白亜の正門を抜けると、まず真っ先に人目を引いたのが国防館である。国防館の外観は戦車の形を模していて、その内部には陸軍省出品の小空中聴音機、三十センチ探照灯、高射機関銃など防空兵器が陳列され、さらには防毒マスクとその作り方、満州事変の様子、未来戦を予想した陸上軍艦、タンク、三百里砲、殺人光線といった展示がなされ国防観念が強調された。観光館では鉄道省観光局がプロデュースした全国名勝史蹟地三十七場面の景観のジオラマ展示があり、日本最初の卓抜な趣向を凝らし、写真によって日本一周の観光を体験できるようになっていた。

博覧会ではほかにも最新のテクノロジーが多数展示された。例えば、逓信文化館では、伊賀上野局を中心とした全国主要都市への郵便物到着日時を知らせる電気点滅装置、灯台模型、郵便箱の変遷、自動押印機の実演、自動幻燈映写、平均年齢測定器、電気点滅装置によるラジオ体操などが展示された。ラジオ館では、百年後のラジオを取り巻く環境を予想した大模型が電気照明によって描出され、殺人光線、大気浄化、テレビ、防空灯火に関する未来の状況が五分ごとにレコード説明入りで実演されていた。電気館では、入り口に洋装した美人女性のロボットが手招きする動きを見せるなどして、観客を迎え入れていた。内部は電化された家の明るさ、便利さを示した模型、水力発電所の模型、真空管、感光継電機を応用して扉を自然に開閉させる光波操縦、金庫の警備電鈴が赤外線放射によって自動的に鳴る装置、トーキーの原理、電送写真の実験などが展示され、電気館は人々の驚異をもって迎えられた。

新興熊本大博覧会（一九三五年〔昭和十年〕三月二十五日―五月十三日）

熊本県熊本市主催の新興熊本大博覧会は、早咲きの桜が咲き誇る一九三五年（昭和十年）三月二十五日から五月十三日の五十日間、水前寺公園の隣接地に広さ五万坪（十六ヘクタール）の土地を会場として実施された（絵はがき13）。同じ時期には、本妙寺で加藤清正公三百二十五年御遠忌大法会（四月七日―五月六日）も開催され、多くの観覧者（動員数百五万八千百七十二人）でにぎわった。

熊本市は、一九二一年（大正十年）に周辺の十一町村を合併し、さらに三一年（昭和六年）に二つの村を加えて、人口が二十万六千人に達し全国有数の大都市となった。三一年に陸軍特別大演習を機縁として主要幹線道路の舗装が完了し、文化都市としてのインフラが完成する。さらに豊肥線の嘉津宇、熊本市電気軌道が敷設され新興都市として急速に整いつつあった。また熊本は、阿蘇山や天草、日本三大急流の一つ球磨川などの観光地、また数多くの温泉があり、観光と産業は熊本市がさらに発展する源泉となるものだった。そのため、新興熊本大博覧会を開催して、産業の振興と文化の進展に寄与し、あわせて依然として発展途上にある産業観光都市としての熊本を広く紹介することを目的としていた。

絵はがき13　新興熊本大博覧会の全体図

建物としてこの博覧会中最も大きい産業本館は、形は凹字型で正面中央に高さ約二十三メートルの高塔を設け、塔の三方面はペンキで幾何学的帯模様に装飾されていた（絵はがき14）。

ラジオ館は矩形の建物に丸い窓がはめ込まれ、館上には電波塔を設置するなど外観はラジオそのものにふさわしい意匠が施されていた。入り口にロボットが控えており、来場者に会場の案内をしていたことがうかがえる（絵はがき15）。このロボットは、手・首・口・目・眉を自動で動かし、その動作に合わせて特製レコードが回転し、ロボットの腹部に内蔵されているスピーカーから音声を発して案内をする仕組みになっていた。

観光館は、「産業と観光」に力を入れていた博覧会場中、集客における一番人気を目標として計画されたものである。大枠の方針として、①全九州各都市の観光地を網羅して施設をなすこと、②熊本県下の観光地を網羅して施設をなすこと、③鉄道省をはじめ関係会社の出品援助を請い、余力をもって他府県の出品を勧誘すること、という三つの項目を掲げ、長崎市・雲仙国立公園・天草・熊本・大阿蘇国立公園・別府市の九州路と瀬戸内海とを経て、大阪にいたる国内観光路の大ジオラマを展示した。

博覧会開催当時、海外在留者は熊本県出身が他県と比べて多く（熊本市役所編『新興熊本大博覧会協賛会誌』熊本市役所、一九三六年、五八四ページ）、海外館は移民県である熊本県の実情を広く紹介して海外発展に寄与することを目的として設置された。南米、北米、ハワイ、フィリピン、満州などからの特産品や、風景や風俗の写真

絵はがき14　新興熊本大博覧会の産業本館

絵はがき15　新興熊本大博覧会のラジオ館

などを展示したほか、喫茶店を設けて本場ブラジルのコーヒーを出していたようである。ほかにも、国際演芸館ではドイツ人による人間大砲がおこなわれた。これは、人間が砲筒のなかに入って空中に飛び出す曲芸である。さらにノルウェー人による空中宙返りソリの演技がおこなわれ、その合間に海外の女性による踊りが披露され、チェコスロバキア、ドイツ、ウクライナ出身の女性たちが余興を上演して観客を楽しませていたようだ。

国産振興四日市大博覧会（一九三六年〈昭和十一年〉三月二十五日―五月十三日）

三重県四日市市主催の国産振興四日市大博覧会は、一九三六年（昭和十一年）三月二十五日から五月十三日までの五十日間、四日市港埋め立て地内およそ四万坪（約十三ヘクタール）の会場で開催された。入場者数は六十七万一千六百六十九人だった。

四日市港は、一八七二年（明治五年）十一月に稲葉三右衛門が開削を企画し、翌年三月に起工、八四年（明治十七年）に工事が完了する。これによって、新港開削の機運が醸成することになる。四日市港は、八九年（明治二十二年）七月には特別輸出港に、九七年（明治三十年）八月には特別輸入港に指定され、九九年（明治三十二年）八月、ついに開港場となった。この間、市の商工業は発展し、九七年八月に市制を敷くにいたる。その後、大規模な築港をおこなう計画が持ち上がり、一九一〇年（明治四十三年）七月に起工式を挙げ、二十六年の歳月と一千万円の巨費を投じて、三六年（昭和十一年）三月に完成をみた。この港湾施設完成を記念して、国産の振興、貿易の伸展に寄与し、さらに新興港湾都市として、また商工都市として実力を備えつつある四日市の姿を内外に宣伝するべく、四日市港を会場にして博覧会を開催するにいたった。

本会場は臨港地だったため、春に吹く強風を考慮して風圧に対する強度計算のもとに機材の寸法を定めたり、杭によって補強するなどして建造物が堅牢となるよう万全を期した。また建物の単調さを補うために、各施設の正面入り口に装飾を施し、そのデザインを強調するなど工夫を凝らしていた。

絵はがき16　国産振興四日市大博覧会産業本館の第1・第2・第3号館

絵はがき17　国産振興四日市大博覧会の仏教館

産業本館第一号館は、産業日本の粋を集めた文化の殿堂としての名に恥じないよう、東洋趣味によって威容を示現すべく設計された。産業本館第二・第三号館は、一号館が東洋趣味を基調としたのに対し、ヨーロッパ建築にならっていて建造物の立体感が強調されていた（絵はがき16）。

会場でひときわ異彩を放っていたのは仏教館である。鎌倉や奈良の大仏をはるかにしのぐ高さ約二十三メートルの巨大な仏像が建立され、本館の外観は寺院の堂宇をかたどり、館内は各宗派本山ならびに寺院の宝物を陳列した。そのほか、浄土真宗の開祖親鸞聖人の一代記をパノラマ模型を使って展示していた（絵はがき17）。愛知医科ミイラ館は、従来のほかの博覧会に類例を見ない施設としてこの博覧会の大きな特色の一つだった。

大学付属病院長・勝沼精蔵および同大学所有の門外不出の数千年前のミイラや、貴重な学術参考品――胃内写真、胆石シャーレー、胎児標本、睾丸肉腫標本、皮膚がん標本、肋骨カリエス標本など――が展示された。

国際温泉観光大博覧会（一九三七年〔昭和十二年〕三月二十五日―五月十三日）

一九三七年（昭和十二年）三月二十五日から五月十三日までの期間、大分県・別府公園で別府市主催の国際温泉観光大博覧会が開催された（絵はがき18）。入場者数は約五十万人といわれている。

別府市が国際温泉観光大博覧会を開催したのは、温泉観光事業の組織やその体系の整備に努め、観光事業が産業としてもつ経済的・文化的価値を高めようとしたことが理由である。その目的のため日本国内外の温泉観光と産業に関する資料を展示し、温泉産業の将来の発展に役立てようとしたのがこの博覧会の意義となっている。

当時別府市は、亀川、朝日、石垣の一町二村を合併して拡大しつつあった。また近郊には志高湖キャンプ場があり、城島高原を有するなど別府市は世界有数の温泉都市だった。したがって、戦時に関する国民の認識を深めて、宗教と美術による思想の教導とともに、躍進途上の「大別府」建設の現状を紹介することが博覧会開催の目的であった。

産業本館はこの博覧会のメインパビリオンの一つで、温泉館と観光館とをあわせ三大主要館といわれた。また国内各都市の生産品を府県別に出品し、日本産業文化の現状を見せることで将来の発展に役立たせようとした向きもある。館内では、製作工業品、染織、機械、農産、林鉱産品、水産および食料品、その他諸工芸品、新興産業品などが出品されていた。

メインパビリオンのもう一つが温泉館である。天然の露天風呂温泉や温泉塔、温泉の熱を利用した花卉《かき》および野菜栽培場、さらには、飲泉スタンドを設けて、別府温泉中の飲用温泉を日夜間断なく提供していた。トルコ風呂、ロシア風呂、気泡浴室のほかに発汗浴場なども設け、入浴後には弛緩してリラックスした身体を適度に運動させるための各種医療器具まで完備していた。

観光館では、大阪商船のプロデュースによって瀬戸内海の海上から始まる九州の鉄道コースがネオンサインによって示されていた。九州各地の観光地、名勝、風景などがジオラマによって体験できる仕組みである。館内にあった九州各県の観光案内所では案内役の女性が各地の観光相談や名勝に関する事柄を丁寧に説明するサービスが提供されていたほか、日本の観光地めぐりや運輸局からの出品であるジオラマの前に列車の模型を設置し、その模型列車に乗って移りゆく風景を窓から見物しながら旅の気分を味わえるような演出がなされていた。国際観光局からは外国の主要な観光地のジオラマ展示が提供されており、日本にいながら外国の風景に接して、異国情緒を味わえる世界が作り出されていた。

娯楽施設のパビリオンでは、サーカスや猿の曲乗り、オットセイの階段昇降、オートバイの宙返り、象の千鳥足などの曲芸が披露されたようである。

絵はがき18　国際温泉観光大博覧会

北海道大博覧会（一九三七年〈昭和十二年〉七月七日―八月三十一日）

一九三七年（昭和十二年）、七月七日から八月三十一日という盛夏の時期に合わせて、北海道小樽市主催の北海道大博覧会が開催された。会場は小樽花園公園と海岸埠頭で、合わせて七万六千坪（約二十五ヘクタール）の広さを誇った。選ばれた会場敷地は市の中央にあり、交通至便の位置である。総棟数三十四、出品地域は三府四十三県のほか、満州、朝鮮、台湾、樺太、南洋の各地に及んでいる。入場者数は不明である。

開発から七十年がたち北海道の人口は三百万人を突破して、農工業を含めた生産総額は六億円にのぼっていた。小樽港は北に樺太、西はロシア領の沿海州、朝鮮、「満州国」に近いため、日本海交通の要衝であった（絵はがき19・20）ばかりでなく、欧米向け道物産の輸出港として繁栄していた。この小樽港の埠頭第一期の落成を機に、完成する一九三七年（昭和十二年）に経費百万円を費やして、北海道の産業経済に一大転機をもたらしうるものとして博覧会を開催するにいたったのである。

各館の建築様式は従来の型を破るような独創的な建築群で、建築界からは一つの大きな転機であると称された。特に、電気照明をふんだんに使用するところなど、不夜城と呼ぶにふさわしい画期的な試みだったといえる。

産業本館は、三府四十三県の全産業機関を総動員し、全国の生産品を網羅した大変豪奢な印象である。南洋からの出品は特に異彩を放っていたようで、また近代科学館では、写真電送、テレビ電話、飛行機、発動機など日本の科学の飛躍ぶりを強調していた。展示されていた神風号の三分の一縮小模型が注目を集めた。同館では、北海道の人々にとってはなじみ深い雪の結晶の実験もおこなわれた。衛生館では、結核、伝染病、花柳病の脅威とその予防法を立体的な装置で明示し、かつスポーツについても展示していたようである。仏教館は、純日本式寺院風の建物、中央を本堂内陣式の装置とし、各宗派の特質、教義の要点、高僧の事蹟、各宗の本山および名刹の宝物が公開された。ラジオ館では、最先端の無線電話の世界を紹介、ラジオ博士と呼ばれる案内役が人気を呼んでいた。国防館は、戦艦を模倣した大きな建築物でかつ海の近くにあるため、さながら実際の戦艦のように見えたことだろう。戦車、高射砲その他あらゆる科学戦兵器の実物や、毒ガス襲撃とその防御の模型、その他科学戦への準備など、非常時日本の国防認識が呼びかけられた。交通観光館では、海・陸・空の交通網の全系、通信文化の現状が模型と実物で配列され、各種電気機関など、科学文化の驚異と進歩が示されたようだ。特に当時の科学の枠だったテレビが出品され、ほかの館の映像が見られるなど興味深い試みがなされた。

絵はがき19 「みなと小樽の雪景色　吉田初三郎画伯筆」

絵はがき20 「躍進小樽の中心地　吉田初三郎画伯筆」

博覧会と観光

千住一

博覧会と観光の関わりというと、観光対象としての博覧会という視点が第一に思いつくだろう。端的な例を挙げるならば、今日の旅行会社の礎を築き上げたイギリスのトマス・クックは、一八五一年にロンドンで開催された第一回万国博覧会に多数の顧客——全入場者約六百万人のうち三パーセント弱がクックの手配によるものだったとされる——を送り込んだ。またクックは、後年パリで複数回開催された万博と積極的に関わることで、海外進出の足がかりを獲得したともいわれる。

一方、一九三一年には「一日間世界一周旅行」をキャッチフレーズに掲げたパリ万国植民地博覧会が開催されている。この博覧会は、フランス本国のパビリオンを皮切りに、当時フランスが植民地を有していたアフリカ、太平洋諸島、インドシナ各地のパビリオンが続いて配置されるという会場構成を採用した。つまり博覧会への来場者は、あらかじめ設定されたルートをたどることによって、きわめてフランス中心的な「世界」ではあるものの、文字どおり一日で世界周遊を体験することができたのだ。ここに、観光を擬似体験する場としての博覧会という、博覧会と観光のもう一つの関係が見て取れる。

さて、一九三〇年代の日本では、「観光」という言葉が名称に付された博覧会（以下、観光博覧会）の開催が、地方都市で相次いだ。橋爪紳也監修『日本の博覧会——寺下勍コレクション』（〔別冊太陽〕、平凡社、二〇〇五年）所収の「日本の博覧会年表」によると、観光博覧会は、三二年四月（開会月、以下同じ）に岡山商工協会が主催した岡山観光博覧会を嚆矢として、金沢市主催・産業と観光の大博覧会（一九三二年四月。絵はがき1）、奈

良市観光協会主催・奈良市政三十五周年記念観光産業博覧会（一九三三年三月）、長崎市主催・国際産業観光博覧会（一九三四年三月）、神戸博覧会協会主催・楠公六百年記念神戸観光博覧会（一九三五年四月）、別府市主催・国際温泉観光大博覧会（一九三七年三月）と、ほぼ毎年のペースで催されている。

本書ではこれらのなかでも、金沢市による産業と観光の大博覧会と別府市による国際温泉観光大博覧会（以下、温泉博と略記）の二つの観光博覧会を取り上げているが、ここでは後者に着目し、博覧会終了後に別府市が作成した報告書『国際温泉観光大博覧会報告』に依拠しながら、温泉博と観光の関係について見ていきたい。

報告書を通読してまず気がつくのは、温泉博の開催が別府の発展という文脈に位置づけられている点である。例えば、開催に先だって別府旅館協会から市長宛に出された陳述書には、「博覧会ヲ開催シテ広ク内外ノ観光客ヲ誘致シ以テ大別府温泉ノ開発進展ニ資スル」とあるほか、別府商工会議所から提出された建議書にも、博覧会の開催で国内外から観光客を誘致することによって「市勢ノ拡充発達ニ寄与セラレ度」と記されている。

絵はがき1　産業と観光の大博覧会「観光館」

このように、博覧会の招致が観光客の増加につながり、それが結果的に別府を発展させるという理念に基づいて、別府は主体的に博覧会を誘致した。そもそも別府は、温泉を資源としてすでに観光と深い関係を有している場所であって、さらにいえば、別府は観光という事象を介した自己規定をおこなっていた。すなわち、「観光別府の現況は近年更に全国各地の先進観光都市に見ざる飛躍性を見せ」、「上海、長崎、雲仙、阿蘇ヲ経テ京阪神ニ至ル国際観光幹線ノ中軸トシテ一大存在トナリ」などといった記述が報告書中に散見される。

こうして開催された温泉博では、主要パビリオンの一つとして観光館が設置される。観光館では、「北側入口に大阪商船の、西側入口に鉄道省運輸局の豪華出品」が展示されたほか、九州各地はもちろんのこと、神戸市役所、大阪市役所、京都市観光課、岐阜市役所、山口市役所、愛知県観光協会、岡山県観光協会などからも出品があったという。

ここで指摘したいのは、温泉博や観光館の成否ではなく、観光が博覧会の主要テーマとして選択された点である。温泉博は、「観光事業が産業として持つ偉大なる経済的、文化的価値を宣揚」することを開催目的の一つとしていた。すなわち、温泉博を通じて、別府は自らを規定していた観光を客体化するとともに、観光対象化したのである。

前述のとおり、観光博覧会は一九三〇年代に日本の各地方都市で開催されている。これらすべての観光博覧会で、温泉博で指摘できるような「観光の観光対象化」が看取されるかどうかは不明である。しかしながら、世界的な恐慌に見舞われた三〇年代に、観光との親和性が比較的高いと想定される各都市で、外貨獲得手段や新興のレジャーとして認識されていた観光を主要テーマに据えた博覧会が続々と開催されたことは、当時の日本社会、特に地方都市での観光の位置づけを考えるうえで、きわめて興味深い。

参考文献
パトリシア・モルトン『パリ植民地博覧会——オリエンタリズムの欲望と表象』長谷川章訳、ブリュッケ、二〇〇二年
ピアーズ・ブレンドン『トマス・クック物語——近代ツーリズムの創始者』石井昭夫訳、中央公論社、一九九五年

博覧会と広告

熊倉一紗

博覧会と広告との関係はきわめて密接で、多岐にわたっている。その関係のあり方はいくつかに分類できるが、一つは、博覧会が出品者たちにとって自社商品の広告装置だったことが挙げられるだろう。日本国内で、企業が博覧会に出品した最初期の例として百貨店がある。一八七七年（明治十年）、高島屋は京都博覧会に百貨店として初めて呉服を出品し、褒状を授与された。高島屋は、国内だけでなく、八八年（明治二十一年）のスペイン・バルセロナ万国博覧会を皮切りに、八九年（明治二十二年）のパリ万国博覧会、九一年（明治二十四年）のロンドン万国博覧会などに刺繡や織物を積極的に出品する。当時の高島屋は博覧会を次のように認識していた。すなわち「当時博覧会は世界を通じ、商工界に於ける最高且つ有効なる宣伝機関にして、随て商工業者は競ふて之れに出品し、以て最高の賞牌を獲得することに腐心しあるは自然[1]」というのである。このように、高島屋は、博覧会をきわめて有効な宣伝媒体として明確に意識していたことがわかる。

大正中期以降になると、様々な企業が日本国内の博覧会に出品するようになる。例えば、一九三二年（昭和七年）四月に開催された産業と観光の大博覧会（金沢市主催）では、ライオン歯磨の特設館が登場する。高さ約十一メートル、屋上には戦車が鎮座し、歯磨き粉のチューブを大砲に擬して人目を引いた（絵はがき1）。また、二七年（昭和二年）三月に開催された東亜勧業博覧会（福岡市主催）では、福岡日日新聞社や九州日報社、大阪毎日新聞社、大阪朝日新聞社といった新聞各社による施設——児童娯楽場や子供演芸館、ラヂオ塔、あるいは音楽堂など——が設置された。

博覧会と広告との関係の二つ目には、博覧会内の広告塔が挙げられる。博覧会では入場料以外の収入源として、出品者から徴収する出品料、さらに展示館以外の敷地を使用させて徴収する敷地料があった。広告塔や広告物、あるいは出品者が自社商品を販売する即売館、飲食店などに使用する敷地使用料金が大きな収入源だったのである[2]。そのため、国内で開催された博覧会には多くの広告物が見られた。先述した東亜勧業博覧会には、アサヒビールや大阪毎日、御園化粧品といった大手企業の塔が並び立った（絵はがき2）。産業と観光の大博覧会の会場内でくるくると回転していた高さ十二メートルの巨大な地球の模型は、多木肥料の広告塔である。そのほかにも企業名が書かれたベンチや正門、企業が提供する休憩所など、いたるところに広告が見られた。

絵はがき1　産業と観光の大博覧会のライオン歯磨特設館

絵はがき2　東亜勧業博覧会での大手企業の塔

博覧会と広告との関係の三つ目は、博覧会への誘致を目的とした宣伝活動である。博覧会宣伝部は人々を博覧会へ足を運ばせるために様々な手法をとった。なかでも一九三六年（昭和十一年）三月に開催した国産振興四日市大博覧会は、ほかと比べてより一層緻密な宣伝計画が練られていた。具体的には、宣伝する時期によって内容を定め、その効果を最大限に高めようとしたのである。例えば、博覧会開催前の第一期は博覧会の趣旨や名前に対する注意喚起に努め、出品勧誘に注力した。開催直前の第二期は、博覧会の内容を周知させ、第一期の宣伝効果を徹底させた。開催後の第三期では、博覧会の観覧意欲を刺激して、多数の観覧者を誘致する方法を講じたのだった。宣伝のなかでも新聞報道と広告は、宣伝効果において「王座」を占めるものと見なされ、活用された(3)。それほどマスメディアの威力は大きかったのである。

この四日市大博覧会では、ポスターの図案懸賞募集をおこない、優れた図案を広く集めるとともに、懸賞募集それ自体が宣伝になっていた。さらに、応募ポスターのなかでも優秀作品の展覧会を開催することでかなりの集客に供してもいた。一石三鳥というべきイベントだったのである。

絵はがき3　四日市大博覧会の年賀はがき

そのほかの宣伝としては、駅前に設置された巨大な宣伝塔、バスや私鉄の車内などを利用したポスター掲示、飛行機からの大量ビラ散布、アドバルーン、ラジオ放送による宣伝、チンドン屋、景品付き前売り券の発行、そして宣伝絵はがきの発行など多種多様だった。宣伝絵はがきは、暑中見舞い用や年賀はがき用があり、年賀はがき用は、懸賞ポスターの二等作品を利用し、上部に謹賀新年の文字を金縁白抜きにして表現されていた（絵はがき3）。ほかにもユニークな試みとして、公徳宣伝と称し、博覧会名や「お互に清浄を保ちませう」と書かれた短冊を全国の主要な旅館、学校、官公署、会社、病院および各駅に送付した。その短冊がどこに貼付されたのかといえば、それは公衆トイレだった。人がふだんは気づきにくいようなものも活用し、万全を期して集客に努めようとしたことがうかがえる。

以上のような博覧会誘致の活動は、どの博覧会もおおむね類似していて、特に福引デーといった催事は、集客のための宣伝装置として共通していた。ただ、一九二八年（昭和三年）開催の大日本勧業博覧会（岡山市主催）では、企業によるものが目立っていた。例えば、寿屋の赤玉デー、レート白粉本舗によるみやげデー、大阪毎日新聞社の大毎デーなどである。新聞社は、これまで見てきたように報道記事や特設館の設置、催事をおこなうなど博覧会とかなり積極的に関わっている。そこには理由があった。博覧会は、入場者数が多く、しかも幅広い年齢層や階層に広がっていたので、部数と読者層の拡大を図る新聞にとって絶好の宣伝機会だったのである。(4) 博覧会と新聞社はお互いを広告媒体として利用しながら、大衆の意識を巧妙かつ周到に誘導していったといえるだろう。

注

（1）高島屋150年史編纂委員会編『高島屋150年史』高島屋、一九八二年、六六ページ
（2）山本光雄『日本博覧会史』理想社、一九七〇年、一五六ページ
（3）四日市市編『国産振興四日市大博覧会誌』四日市市役所、一九三七年、六五ページ
（4）山本武利「草創期のメディア・イベント」、津金澤聰廣編著『近代日本のメディア・イベント』所収、同文舘出版、一九九六年、四七ページ

	主催者・その他	入場者（人）	概要
	読売新聞社		
	大阪国産振興館		
	福岡市	1,603,472	福岡市の発展に新紀元を画するために開催
	少年指導会		
	松山市	100,413	全国的産業博覧会は四国四県では松山市が初めて。産業の奨励と貿易の振興を目的
	京都国際振興会、京都工芸品連合会	75,776	
	京城日日新報社、朝鮮総督府		
	思想善導会		
	民衆通信社		
	京城日報社、毎申日報社		朝鮮の現状をありのままに紹介し、国内・朝鮮の協調と融合を図るために開催
	帝国交通協会		
	京都博覧協会	105,328	恒例の春開催が、天皇死去のため開催せず、夏となった。人工の大瀑布華厳の滝を設け興趣を盛り上げた
	山形市	88,378	インフラ整備に伴い、東北産業界の奮起を促す機会とするため開催
	東京毎日新聞社		現在の植民地での生産業の過程、畜産奨励の実情、電気産業の進歩の現況などを一堂に集めて、産業立国の進展に供する目的
	美紳会		
	読売新聞社		
	甲府商工協会		
	大阪府教育部		
	愛知県安城市		
	大阪朝報社、大阪夕報社		
	岡山市	1,333,282	インフラ整備も進み、市制40周年を記念して、内外産業の現状を展示した

安田政彦

西暦(元号)	会期（月.日）	名称	開催地	会場
1926年(昭和1年)	——	納涼博覧会	香川県	
	——	国産奨励博覧会	京都府	
1927年(昭和2年)	3. 1～——	日光博覧会	東京都	国技館
	3.15～ 5. 8	国産原動機博覧会	大阪府	天王寺公園勧業館
	3.25～ 5.23	東亜勧業博覧会	福岡県	西公園下、大濠埋め立て地
	4. 1～ 5.31	大正歴史博覧会	東京都	上野公園
	4. 7～——	世界風俗博覧会	東京都	三越呉服店
	4.10～ 5.14	国鉄開通記念全国産業博覧会	愛媛県	城北練兵場
	4.15～ 5.10	京都国産振興博覧会	京都府	岡崎公園
	6. 1～ 6.30	改元記念・朝鮮産業博覧会	朝鮮	京城（ソウル）
	6.15～ 8.15	思想善導立正産業博覧会	東京都	上野公園
	7. 1～ 8.31	民衆納涼博覧会	東京都	上野公園
	7. 1～ 8.31	朝鮮博覧会	東京都	国技館
	7.10～ 8.31	交通文化博覧会	大阪府	天王寺
	7.15～ 8.28	昭和夏季博覧会	京都府	岡崎公園第二勧業館
	7.24	芥川龍之介没		
	9.11～10.20	全国産業博覧会	山形県	山形市役所、山形商品陳列所
	9.25～11.15	新日本殖産博覧会	東京都	上野公園、不忍池畔
	10.29～11.20	日光博覧会	大阪府	高島屋
	11.10～——	婦人とこども博覧会	東京都	東京博物館別館
	——	風俗大博覧会	福井県	
	——	甲府勧業博覧会	山梨県	甲府市
	——	平和記念博覧会		
	——	西郷隆盛50年祭記念博覧会	鹿児島県	鴨池公園
1928年(昭和3年)	2. 8～ 2.18	映画博覧会	愛知県	名古屋松坂屋
	3. 1～ 3.15	婦人子供明治時代博覧会	大阪府	高島屋
	3. 1～——	御大礼記念博覧会	愛知県	安城市
	3.15～ 5.20	第2回婦人こども博覧会	大阪府	
	3.20～ 5.18	大日本勧業博覧会	岡山県	岡山練兵場、東山公園、鹿田駅跡

主催者・その他	入場者（人）	概要
高松市	489,019	四国の物資集散地、瀬戸内海要衝として発展した高松港修築施工終了を記念して開催
東京商工会議所	2,233,487	国産の振興を図り、即位の大典を記念して開催
山梨電気協会		
京都美術協会・京都博覧協会		京都博覧会が始まってから61年目になるのを記念して、明治文化の変遷を一堂に集めて展示
別府市	818,996	わが国初の森林会場で、鶴見の秀麗をバックに、陳列各館のほか130の特設館や売店が軒を連ねた
郡山商工連合会、郡山市		
大阪府学務部		
宮城県塩釜町		
仙台商業会議所	414,369	仙台では新規プロジェクトが目白押しで、これを機会に産業振興をうたって開催
大阪府学務部、教育部		少年木下藤吉郎時代から関白になるまでの生涯を、50場面のジオラマで構成
神戸新聞社		
家庭文化協会		
読売新聞社		当時、読売新聞社の正力松太郎が、新聞事業の一環に相撲興行がないときの国技館を使ってイベントを始めたもの
帝国実業協会		
阪神博覧会協会		
大和日報社		御大典を記念して近畿地方を中心に産業と交通の促進をするために開いた博覧会
名古屋勧業協会	1,940,600	名古屋で最初の大規模博覧会。非常な盛況で会期も7日間延長し、大好評のうちに終了した
京都市	3,117,575	即位式挙行地となる京都での記念博覧会
大阪府学務部・大阪商工会議所		
大阪国産振興会		
		一般社会の大衆教育に重点を置き、時代思想の善導と産業の振興に供しようとした
東京都毎夕新聞社	649,478	
大阪市	1,000,872	大阪市電気軌道20周年、電灯経営5周年にあたり、即位の恭賀を表し、交通・電気の進歩・発展に貢献するという趣旨で開催

西暦（元号）	会期（月.日）	名称	開催地	会場
1928年（昭和3年）	3.20～ 5.10	全国産業博覧会	香川県	旧高松城
	3.24～ 5.22	大礼記念・国産振興東京博覧会	東京都	上野公園、不忍池畔
	4. 1～ 4.20	山梨電気博覧会	山梨県	甲府市
	4. 1～ 4.22	明治文化博覧会	京都府	岡崎公園第二勧業館
	4. 1～ 5.20	中外産業博覧会	大分県	第1会場・別府公園、第2会場・浜脇海岸
	4. 1～ 5.20	大礼記念・全国商工博覧会	福島県	郡山山麓
	4. 8～ 4.18	現代婦人キモノ博覧会	大阪府	高島屋
	4.15～ 6. 3	海の博覧会	宮城県	塩釜市
	4.15～ 6. 3	東北産業博覧会	宮城県	旧制仙台二中、西公園、榴岡公園
	4.―～――	海軍博覧会	福岡県	博多港
	6. 1～ 6.29	御大典記念・豊太閤博覧会	大阪府	高島屋長堀店
	6. 4	張作霖爆殺事件		
	7. 1～ 8.21	御大典記念・納涼博覧会	兵庫県	須磨遊園地
	7. 1～ 8.31	御慶事記念・婦人子供博覧会	東京都	上野公園、不忍池畔
	7. 1～ 8.31	耶馬渓博覧会	東京都	両国国技館
	7.23～ 8.25	御大典記念・内国勧業美術博覧会	福井県	高浜
	9. 1～11.30	御大典記念・国産振興阪神大博覧会	兵庫県	甲子園
	9.15～11.15	大礼記念・国産振興生駒大博覧会	奈良県	生駒町大軌停留所前
	9.15～11.30	御大典奉祝・名古屋博覧会	愛知県	鶴舞公園
	9.20～12.25	大礼記念・京都大博覧会	京都府	岡崎公園
	9.23～10.14	御大典記念・世界一競べ博覧会	大阪府	高島屋
	10. 1～11. 3	国産化学工業博覧会	大阪府	大阪府立商工陳列所
	10. 1～11. 3	大礼記念・昭和勧業博覧会	京都府	岡崎公園
	10. 1～11.21	大礼奉祝博覧会	東京都	上野公園
	10. 1～11.30	大礼奉祝・交通電気博覧会	大阪府	第1会場・天王寺公園勧業館、第2会場大阪市民博物館、第3会場・茶臼山住友邸跡
	10. 5～11.30	豊太閤博覧会	兵庫県	須磨花人形館

主催者・その他	入場者（人）	概要
神戸出品協会		
帝国馬匹協会		
三越呉服店		
大阪優良品協会		
大阪出品協会		
北海道庁		
台湾総督府		台湾の文化、産業、教育、交通などの実情を内地に紹介する目的で、台湾見物をするような型式で開催
日本歴史会		
広島市	986,179	不況回復の兆しもみえ、大広島建設が緒につき、庁舎が完成、市政刷新の機として開催
愛知国産振興会		窯業生産の改善と技術の向上が待たれるなか、窯業の一大躍進の機を与えようと開催
東京自動車学校		自動車・航空機の知識を展示し、交通の危険防止宣伝もおこない、国産奨励の実をあげようと開催
読売新聞社		恒例となっていた国技館の夏のイベント。長崎港から船に乗って、長崎県の名所旧蹟のジオラマのなかを巡るという疑似体験
樺太庁		
日本温泉協会		
朝鮮総督府	986,179	始政20年間の統治の実績と生産物・事業・施設を比較展示し、一般に新政を理解させ、開発を進捗するために開催
	150,000	
大阪市教育会		
東京朝日新聞社		「近時、世界的に叫ばれてきた人口食糧問題のため」という目的で、北海道第2期拓殖計画事業進捗中、その実情を一般に紹介するために開催、企業誘致のねらいもあった
日本歴史会、京都市、知恩院		

西暦（元号）	会期（月.日）	名称	開催地	会場
1928年（昭和3年）	10.15～11.25	御大典奉祝・神戸博覧会	兵庫県	湊川
	10.25～11. 1	御大典記念・全国馬匹博覧会	東京都	代々木
	11. 1～11.25	御大典記念・こども博覧会	大阪府	三越呉服店
	——	芝居博覧会	兵庫県	阪神球場
	——	大阪優良品協会博覧会	大阪府	
	——	北海道一周汽車博覧会	北海道	汽車
	——	国産奨励博覧会	——	
1929年（昭和4年）	1. 3～ 1.29	北海道博覧会	大阪府	高島屋
	3. 1～ 4.29	台湾博覧会	東京都	両国国技館
	3. 1～ 4.30	大礼記念・昭和勧業博覧会	京都府	岡崎公園
	3. 2～ 5.13	昭和産業博覧会	広島県	西練兵場、比治山、宇品
	5.21～ 6.10	国産振興窯業博覧会	愛知県	愛知県商品陳列所
	6. 8～ 7.17	国産奨励・自動車航空機博覧会	東京都	上野公園、東京博物館別館
	7. 1～ 8.29	長崎県納涼博覧会	東京都	両国国技館
	8. 1～ 8.29	樺太博覧会	大阪府	高島屋長堀店
	8. 1～ 9.10	保健衛生日本温泉博覧会	東京都	上野公園・不忍池畔
	9.12～10.31	始政20年記念・朝鮮博覧会	京城	京城旧景福宮（朝鮮）
	——	納涼博覧会	東京都	
	——	納涼博覧会	愛知県	
	——	神戸博覧会	兵庫県	
	——	三河産業博覧会	愛知県	岡崎市
	——	岐阜市制30年記念・銀婚式奉祝内国勧業博覧会	岐阜県	
	——	乃木将軍と旅順開城大博覧会	大阪府	高島屋大阪店
1930年（昭和5年）	1. 4～ 1.23	名宝お人形博覧会	大阪府	高島屋長堀店
	3. 1～ 4.29	北海道拓殖博覧会	東京都	両国国技館
	3. 8～ 5. 6	宗教大博覧会	京都府	岡崎公園、知恩院

主催者・その他	入場者（人）	概要
宇治山田市	445,196	1929年秋の伊勢神宮遷宮のあとを受けて、全国から新造の神宮参拝が増加するのを機に神宮周辺を神都とする構想もあり、奉祝記念事業としても、観光振興の好機と開催
日本産業協会、三笠保存会	815,167	海事・航空事業の発達の跡を展示し、海空知識の普及と産業振興を図る。海女館が登場し、大水槽で海女が真珠採りをする実演を見せ大好評だった
豊橋市商工協会	210,080	豊橋市はこの年、市制施行25周年にあたり、上水道敷設工事が完成、また、豊川閣で本殿慶開帳もあり、これを好機と開催
台湾総督府		
神戸博覧会協会	1,175,215	神戸港での4度目の観艦式を記念し、海事思想の普及と海外貿易の振興を目的とした。「人間大砲」は絶賛を浴びた
大本願大勧進・長野県		
信陽新聞社		
大阪商工会		
横浜フォード自動車		
東京日日新聞社		
浜松市	330,557	前年の昭和天皇の行幸を記念し、不況克服を願って商工都市・浜松を全国に発信しようと開催
化学工業協会		
鹿児島商工会議所		九州南部の中心となっていた鹿児島で、産業・文化の成果を一堂に集めて未来の展望と発展を目的とした
小樽市役所、小樽商工会議所	474,814	北洋第一の商港小樽で、港湾修築工事の完成を機に、海事思想の普及と産業貿易の振興を目的とした
北海道庁、札幌市役所	650,081	北海道開拓地のさらなる産業文化の発展と資源開発を目的とした
長岡市	626,983	東洋一の清水トンネル貫通工事による上越線の開通は、日本の鉄道史に特筆される大工事だった。その開通を祝って開催

西暦（元号）	会期（月.日）	名称	開催地	会場
1930年（昭和5年）	3. 1～ 5. 1	御遷宮奉祝神都博覧会	三重県	宇治山田
	3. 2～ 5.31	日本海々戦25周年記念・海と空の博覧会	東京都	上野公園、不忍池畔、横須賀
	3.20～ 5.13	全国特産品博覧会	愛知県	豊橋市公園
	4.16～ 4.27	鉄道博覧会	愛知県	松坂屋
	8. 8～ 8.30	台湾博覧会	大阪府	高島屋長堀店
	9.20～10.31	観艦式記念・海港博覧会	兵庫県	中ノ島、湊川公園ほか
	9.―～――	善光寺博覧会	東京都	高島屋南伝馬町店
	10. 5～10.20	満蒙博覧会	長野県	諏訪片倉会館
	11.14	浜口雄幸首相狙撃事件		
	――	福島産業博覧会	福島県	
	――	宮崎産業博覧会	宮崎県	
	――	酒田産業博覧会	山形県	酒田市
	――	豊島産業博覧会	愛媛県	
	――	大阪拓殖博覧会	大阪府	
	――	上野納涼博覧会	東京都	
	――	国産奨励博覧会		
		この年、昭和恐慌はじまる		
1931年（昭和6年）	3.12～ 3.23	フォード博覧会	岡山県	岡山偕楽園
	3.14～ 3.27	生きた広告博覧会	東京都	松坂屋上野店
	3.15～ 5. 8	市制20周年記念・全国産業博覧会	静岡県	浜松市元浜町、鴨池町
	3.20～ 4.10	第3回化学工業博覧会	東京都	上野公園
	4. 1～ 5.15	国産振興博覧会	鹿児島県	鴨池公園
	7.11～ 8.20	小樽海港博覧会	北海道	小樽海岸埋め立て地
	7.12～ 8.20	国産振興・北海道拓殖博覧会	北海道	札幌市串島公園ほか
	8.21～ 9.30	上越線全通記念博覧会	新潟県	長岡市中島町、寺泊港水族館

主催者・その他	入場者（人）	概要
新潟県教育委員会、長岡市教育委員会		
全国織物組合		
日本産業協会		
山陽新聞社		
電通		
東京日日新聞社		東京の浅草・松屋が新築落成を機に、児童の知能啓発資料を展示した、百貨店が集客のために開いた博覧会
名古屋新聞社		
帝国発明協会	330,000	
岡山商工協会		
名古屋勧業協会		
日刊工業新聞社		商工業に影響を及ぼす重要な関係にあった満蒙の実態を国民に紹介して、理解を得ようと計画。陸軍館や海軍館の大パノラマは必見の価値があった
婦人倶楽部		
金沢市	560,840	親鸞の業績を18面ジオラマで展示
旧軍、広島市		「軍人勅諭拝受50年記念」として戦意高揚のため開催
読売新聞社		館内には満州の都市風景やモンゴルの風俗、上海事変による市街戦の状況などがジオラマとして再現された

西暦（元号）	会期（月.日）	名称	開催地	会場
1931年（昭和6年）	9. 1～ 9.15	教育博覧会	新潟県	長岡市坂之上町尋常小学校
	9. 1	清水トンネル開通（当時、日本最長9,702メートル）		
	9.18	柳条湖事件。満州事変はじまる		
	10. 1～10.30	呉服大博覧会	東京都	白木屋
	10. 1～10.30	自動車市場博覧会	東京都	上野公園
	10. 1～10.31	名古屋衛生博覧会	愛知県	
	10.15～11.30	スポーツと映画博覧会	岡山県	偕楽園
	10.—～——	中部地方名勝博覧会	愛知県	
	11. 1～11.30	こども家庭博覧会	東京都	浅草・松屋
	12. 1～12.10	中部日本副業博覧会	愛知県	松坂屋
		この年、「酒は泪か溜息か」「丘を越えて」が流行		
1932年（昭和7年）	1.28	第1次上海事変		
	2. 1～ 2.29	満蒙権益博覧会	大阪府	大阪府立貿易館（本町橋）
	3.20～ 5.10	第4回発明品博覧会	東京都	上野公園、不忍池畔
	4. 1～ 5.10	岡山観光博覧会	岡山県	岡山市
	4. 1～ 5.25	工業博覧会	愛知県	名古屋市
	4. 1～12.31	満蒙大博覧会	大阪府	大阪城一帯
	4. 6～ 4.27	婦人博覧会	大阪府	高島屋
	4.12～ 6. 5	産業と観光の大博覧会	石川県	第1会場・出羽町練兵場、第2会場・旧金沢城本丸跡
	4.20～ 5.10	飯塚市制記念・産業博覧会	福岡県	福岡県飯塚市
	4.28～ 6.25	日満大博覧会	京都府	東山三条古川町大相撲場跡
	4.29～ 5.13	時局博覧会	広島県	旧軍・西練兵場（現在の広島県庁付近 広島県立商品陳列所（原爆ドーム）
	5.15	5・15事件		
	7. 1～ 7.24	第2回日光博覧会	大阪府	高島屋長堀店
	7.11～ 9.10	満州国大博覧会	東京都	国技館
	8.10～ 8.26	樺太納涼博覧会	愛知県	松坂屋
	9. 2～ 9.26	台湾と南太平洋博覧会	東京都	松坂屋上野店

主催者・その他	入場者（人）	概要
新愛知新聞社		当年、大阪で開催されたあとを受けて開催されたもので、日満親善を強調し、満蒙を再認識させ、満州、上海事変に活躍した皇軍の戦果を顕彰し、軍国思想の普及に資すという目的で開催
山陽新聞社		
大阪日本新聞社		
読売新聞社		
㈶日本建築協会		
㈶日本建築協会		
夕刊大阪新聞社		
夕刊大阪新聞社		
名古屋新聞社		
宮崎市、宮崎商工会議所	232,490	皇祖発祥の地、市制10周年を記念しての博覧会
大日本連合婦人会、工政会		
大阪洋服商業組合	138,975	洋服業の濫觴をみて以来、60有余年の変遷を経て、その発展してきた経緯を振り返って、これからの業界と社会に資そうとして開催
奈良市観光協会	353,807	明治以来久しぶりの奈良での博覧会。軍事を啓蒙する内容もあった
中国新報社		非常時相を展望しようと、経済や国防などの資料を集めて開いた博覧会
河北新聞社、読売新聞社		この機会に戦勝の将兵をたたえ、国民の志気を鼓舞するのが目的だった
東京都品川区	450,000	
大連市		1934年は市制20年にあたるのを1年早めて、その記念事業としてこの博覧会を開いた
倉敷商工会議所		国立公園瀬戸内海のパノラマを中心に道後温泉、神戸港、中国地方の名勝、海水浴場など涼味満点の場面に観客は大喜びだった
電通名古屋支局		
大阪電気局	211,873	電気供給事業10周年を記念し、電気知識の普及と産業文化の向上を目的とした

西暦（元号）	会期（月.日）	名称	開催地	会場
1932年（昭和7年）	9.15〜11.10	満蒙軍事博覧会	愛知県	名古屋第三師団内
	10. 1〜10.31	満州事変１周年記念・伸びゆく日本博覧会	岡山県	偕楽園
	10. 1〜11.30	創立25周年記念婦人子供博覧会	兵庫県	宝塚新温泉
	10. 4〜11.30	大東京菊花博覧会	東京都	国技館
	10.10〜11.10	緑丘保健・住宅博覧会	兵庫県	伊丹緑が丘
	10.10〜11.10	大美野田園都市・住宅博覧会	大阪府	南海沿線大美野田園都市（現堺市）
	——	満蒙大博覧会	大阪府	大阪城前
1933年（昭和8年）	1. 4〜 1.25	超特作面白レビューお伽の国こども博覧会	大阪府	高島屋長堀店
	2.10〜 2.17	中部日本副業博覧会	愛知県	松坂屋
	2.20	小林多喜二獄死		
	3.17〜 4.30	祖国日向産業博覧会	宮崎県	大淀川畔
	3.17〜 5.10	万国婦人子供博覧会	東京都	上野公園竹之台、池ノ畔、芝区芝橋
	3.20〜 4.20	全日本国産洋服博覧会	大阪府	府立貿易館、大阪城天守閣
	3.20〜 5.15	奈良市制35周年記念・観光産業博覧会	奈良県	奈良公園、大軌東向駅周辺、京終町
	4. 3〜 5.12	中国新報社40周年記念・非常時博覧会	岡山県	岡山城天守閣
	4. 9〜 5.28	第2師団凱旋記念・満蒙軍事博覧会	宮城県	仙台西公園
	5.—〜——	東京建築博覧会	東京都	
	6.19	丹那トンネル貫通		
	7. 1〜 8.31	品川臨海産業博覧会	東京都	品川埋め立て地
	7.23〜 8.31	満州大博覧会	大連	大連白雲山下埋め立て地
	8. 2〜 8.13	倉敷納涼博覧会	岡山県	倉敷小学校
	8.12〜 8.27	日満交通産業博覧会	愛知県	松坂屋
	9. 2〜10.31	電灯市営10周年記念・電気科学博覧会	大阪府	元白木屋堺筋館
	9.21	宮沢賢治没		

	主催者・その他	入場者（人）	概要
	帝国馬匹協会	379,116	競馬法10周年を記念し、馬事思想の普及を目的とした
	夕刊大阪新聞社 後援・第四師団、大阪府、大阪市、大阪商工会議所		人集めのために時局に便乗して開催されたものと思われる
	読売新聞社		名士・名匠の手になった人形の数々を、古と今との分かちなく、会場いっぱいに陳列した百貨店の催事
	名古屋新聞社		
	新愛知新聞社、国民新聞社		次代の戦力となる少年少女を精神的・肉体的に錬成するのを目的に開かれた。ほとんど子ども向けの遊園地的内容の博覧会だった
	時事新聞社		
	大阪毎日新聞社		
	岡山市		
	長崎市		雲仙が国立公園に選定されたことを記念して開催。ラジオ、トーキー、テレビジョンなど最新の情報を提供するラジオ館・テレビジョン館など
	大阪時事新報社、愛国協会		博覧会は非常時の国防思想を深め、次の時代の科学戦に備えようとの趣旨で、軍事啓蒙の博覧会だった。黒人唯一の独立国エチオピア館が特設された
	日刊工業新聞社		
	やまと新聞社		
	倉敷市、倉敷商工会議所		家庭博というタイトルはあまり感じない内容だった
	お祭博覧会		東京旅籠町の神田神社が遷座式を挙げ、社殿が復興したのを記念して開いた地域の博覧会
	読売新聞社		
	新潟毎日新聞社		国防思想を子どもたちにも教えようとする軍事を啓蒙する博覧会だった
	ライオン歯磨本舗		
	大阪市水道局		納涼がてらに水道の知識が得られるという、日本で最初の水道にテーマを絞った博覧会
	電通名古屋支局		

西暦（元号）	会期（月.日）	名称	開催地	会場
1933年（昭和8年）	10.15～10.24	競馬法実施10周年記念・全国馬匹博覧会	大阪府	大阪市城東練兵場
	——	伊豆大島博覧会	静岡県	
	——	非常時日本博覧会	大阪府	
	12.23	皇太子明仁誕生		
1934年（昭和9年）	1.11～ 2.11	皇太子殿下御誕生記念奉祝・万国お人形博覧会	東京都	高島屋
	2.10～ 2.17	中部日本副業博覧会	愛知県	松坂屋
	3.15～ 5. 3	皇太子殿下御誕生記念・第2回国民博覧会	愛知県	名古屋城内愛知県庁舎移転敷地
	3.18～——	非常時警察博覧会	東京都	神田昌平橋伊勢丹旧館
	3.20～ 5.19	皇太子誕生奉祝・宝塚小国民博覧会	兵庫県	宝塚新温泉
	3.25～ 5. 8	全国工芸博覧会	岡山県	岡山市東山公園、偕楽園
	3.25～ 5.23	国際産業観光博覧会	長崎県	長崎市中ノ島埋め立て地、雲仙国立公園
	3.―～——	長崎築港博覧会	長崎県	
	4. 1～ 5.20	皇太子殿下御生誕記念・非常時国防博覧会	大阪府	大阪今里
	4. 1～ 5.21	1100年御遠忌記念・弘法大師御行状博覧会	和歌山県	高野山
	4. 1～——	皇太子殿下御誕生記念・国防大博覧会	東京都	上野公園
	4.22～ 5.16	国産振興家庭博覧会	岡山県	倉敷鶴形山麓
	5. 3～ 5.31	神田神社社殿復興記念・祭礼文化お祭博覧会	東京都	神田松住町・伊勢丹旧館
	6.25～——	地下鉄開通記念涼しい地下博覧会	東京都	地下鉄新橋・銀座・上野各駅
	7.10～ 8.30	国防と教育博覧会	新潟県	信濃川畔
	8. 1～ 8.31	納涼婦人コドモ博覧会	東京都	高島屋
	8. 2	ヒトラー総統となる		
	8. 3～ 8.26	大阪市水道創設40周年記念・水道博覧会	大阪府	高島屋
	8.―～——	南と北の博覧会	愛知県	
	9.21	室戸台風		

	主催者・その他	入場者（人）	概要
	国民新聞社		
	東京日日新聞社		
	大阪府工業奨励館		
	宮城県菓子業界団体		1911年の第1回帝国菓子飴大品評会以降、この第10回に菓子大博覧会と名称変更した
	仏教博覧会慶讃会		仏教文化の復興と日本の重大時期に際して、仏教とその信仰を見つめ直し、社会に救国思想を広めようと、宝物や貴重な資料を集めて開催
	熊本市	1,058,171	肥後文化の結晶を示し、加藤清正350年祭も期間中におこなわれた
	大阪毎日新聞社		
	岡崎朝報社		時局を反映して、軍事色を盛り込んで日光を紹介するという博覧会が開かれた
	横浜市	3,299,000	関東大震災から立ち直った記念に、横浜の現状と各地の産業の全貌を紹介する目的。この博覧会は百万円博といわれた
	呉市		軍港・呉で開催された軍事一色の博覧会
	日本工業新聞社	473,006	工業知識の啓蒙と国防思想の普及を図る目的
	中国民報社	149,365	警察全般を見せようとするもので、非常時国民に犯罪防止、交通安全、防火風水の教化の実を挙げ、警察官に感謝と慰労を与えようとした
	萩実業会		
	神戸観光博覧会協会		非常時に直面している人々にとって、この大祭に参詣して楠公の誠忠を偲び、国民精神を鍛え上げるとともに、産業の振興を図ることを目的に開催
	栃尾鉄道、北越新報社		
	読売新聞社		藩祖公（伊達政宗）300年記念行事の一環で開かれた博覧会

西暦（元号）	会期（月.日）	名称	開催地	会場
1934年（昭和9年）	10. 1〜10.27	世界服飾文化博覧会	大阪府	松坂屋
	10.10〜——	国防と産業博覧会	山形県	山形市役所構内
	11.—〜——	標準機械実演博覧会	——	
	——	納涼博覧会	京都府	岡崎公園
	——	金属工業博覧会	大阪府	日刊工業新聞社
	——	日満興産博覧会	北海道	旭川市
	——	太平洋博覧会	東京都	
	この年、東北地方災害・大凶作により娘の身売り横行			
1935年（昭和10年）	3. 1〜 3.30	第1回大阪府発明展覧会	大阪府	工業奨励館
	3.12〜 5.25	第10回全国菓子大博覧会	宮城県	仙台市商工奨励館
	3.16〜 4.30	五重塔再建・聖徳太子博覧会	大阪府	四天王寺境内
	3.18〜——	仏教博覧会	愛知県	名古屋市東郊覚王寺境内
	3.20〜——	宝塚逓信文化博覧会	兵庫県	宝塚
	3.25〜 5.13	新興熊本大博覧会	熊本県	水前寺公園
	3.25〜 5.28	宝塚皇国海軍博覧会	兵庫県	宝塚新温泉
	3.26〜 4.30	国防と産業・日光の博覧会	愛知県	岡崎公園
	3.26〜 5.24	復興記念・横浜大博覧会	神奈川県	山下公園、横浜港頭
	3.27〜 5.10	国防と産業大博覧会	広島県	呉二河公園、川原石海軍用地
	4. 1〜 4.30	産業総動員工業大博覧会	大阪府	大手前、偕行社下、天満駅
	4. 1〜 5.10	警察博覧会	岡山県	偕楽園
	4. 5〜 5.15	市制3周年記念・萩史蹟産業大博覧会	山口県	萩市
	4.11〜 5.30	楠公600年記念・神戸観光博覧会	兵庫県	湊川、福厳寺、六甲山
	4.20〜 5.30	全国旅行博覧会	新潟県	長岡市悠久山（外苑）
	4.21〜——	藩祖300年祭記念・産業観光博覧会	宮城県	仙台市役所前・塩釜町築港
	6.—〜——	大島と伊豆七島博覧会	静岡県	
	7.21〜——	たばこ博覧会	北海道	

主催者・その他	入場者（人）	概要
岡山市		
大阪営林局		
旭川新聞社		
始政40周年記念台湾博覧会協会	2,578,895	日本統治40周年を記念して、南進政策上重要であることを示す軍事色が強い博覧会
伊賀上野町		伊賀文化産業城の竣工を記念し、日本の歴史と産業を称揚する目的
大阪府・市、大阪商工会議所		
京都日日新聞社		
名古屋新聞社		
朝鮮新聞		
台北市		
国民新聞社		多事多難の人生行路を幼少年時代から老年時代にいたる経過を善悪両道に、また、明暗種々相の生活断面をジオラマにして見せた。教宣の目的と好奇心の満足の2つを達成しようというものだった
福岡市		築港計画第一期工事竣工を記念し、東亜の国防と産業、人文・自然科学と風光の粋を集める目的
四日市市	670,000	この年3月、四日市港修築工事が20年の歳月をかけてようやく完成。名実ともに国際的港湾都市として機能することになったことを記念して開催
岐阜市、岐阜商工会議所	1,932,000	岐阜県を紹介し、地域振興を図る目的。内容は軍事啓発博覧会
四日市市	670,000	
津山市	196,075	新路線開通に一大躍進をとげた津山をアピールする目的
姫路市、姫路商工会議所	427,844	他のイベントと競合したが、国防の認識と資源開発、産業振興への寄与を目的として充実を図った
中部民報社		
国際観光局・日本旅行協会		
大阪毎日新聞社、東京日日新聞社		国産館、汎太平洋館、皇軍館などがあった。アメリカのグランドサーカスが来日して人気を博した
富山市	186,829	満蒙貿易と電気事業の啓発、工業の誘致と観光の紹介を目的とした

西暦（元号）	会期（月.日）	名称	開催地	会場
1935年（昭和10年）	7.23～ 8.16	通水30年記念水道博覧会	岡山県	偕楽園
	8. 1～ 8.15	森林文化博覧会	大阪府	高島屋
	8. 2～——	警察博覧会	北海道	旭川市
	10.10～11.28	始政40周年記念・台湾博覧会	台湾	台北公会堂一帯、新公園ほか
	10.12～11.10	伊賀文化産業城落成記念・全国博覧会	三重県	上野白鳳公園
	——	第1回大阪産業工芸博覧会	大阪府	大阪府立貿易館
	——	納涼博覧会	京都府	比叡山
	——	履物博覧会	大阪府	高島屋
	——	中部日本副産業博覧会	愛知県	松坂屋
	——	楠公博覧会	奈良県	大軌デパート
	——	朝鮮産業博覧会	朝鮮	
1936年（昭和11年）	2.26	2・26事件		
	3.10～ 7.31	台湾平和記念博覧会	台湾	台北中央公園
	3.15～ 4.25	世相博覧会	東京都	両国国技館
	3.25～ 5.13	博多築港記念・大博覧会	福岡県	福岡海岸新埋め立て地
	3.25～ 5.13	国産振興・四日市大博覧会	三重県	四日市港埋め立て地
	3.25～ 5.15	躍進日本大博覧会	岐阜県	金華山麓
	3.25～ 5.15	躍進日本工業大博覧会	東京都	上野公園
	3.25～ 5.15	国産振興四日市大博覧会	三重県	四日市港埋め立て地
	3.26～ 5. 5	姫津線全通記念・産業振興大博覧会	岡山県	古城跡鶴山公園
	4. 1～ 5.10	姫津線全通記念・国防と資源大博覧会	兵庫県	姫路城下
	4. 1～ 5.10	姫津線全通記念・乗りもの大博覧会	岡山県	東山公園
	4. 1～ 4.24	国際観光博覧会	東京都	高島屋
	4.10～ 5.31	輝く日本大博覧会	兵庫県	甲子園、中津浜ほか
	4.15～ 8.20	高山本線開通記念・日満産業大博覧会	富山県	神通川埋め立て地

主催者・その他	入場者（人）	概要
新愛知新聞社		
大阪府、大阪商工会議所	13,225	
東京市電局		
		昭和天皇が神戸港外で大観艦式を観閲するのを記念するとともに、国防思想の普及と産業の振興を図ることを目的
時事新報社		1940年に開催予定だった東京大会競技場模型など
読売新聞社		
名古屋新聞社		
横浜貿易新報		
阪急電鉄		人生の一大盛典である結婚を優生学的に、そして歴史的にジオラマ、イラスト、写真などで、あらゆる角度から展示する会場構成をした
愛知県仏教団、名古屋新聞社	365,043	
名古屋市	4,808,164	人口300万突破と名古屋港30周年を記念し、太平洋の平和と発展に寄与する目的
別府市		
高知市	440,511	土讃線全通、高知空港開港を控えて、「精神土佐」の特質を顕揚し、産業文化の発展に資する目的
夕刊大阪新聞社		
大阪毎日新聞社		新興ドイツでナチスのヒットラー・ユーゲントが活躍する全貌を10場面のジオラマにして、メインの日独防共協定記念館で見せた
別府市		温泉にまつわるすべてを網羅し、「世界の和泉都」別府の「大別府」建設の現状を紹介

西暦（元号）	会期（月.日）	名称	開催地	会場
1936年（昭和11年）	5.10～ 5.17	伊東部隊凱旋歓迎・亜細亜大陸博覧会	愛知県	名古屋・松坂屋
	5.11～——	少年赤十字博覧会	岡山県	
	5.24～ 6.13	第2回大阪産業工芸博覧会	大阪府	大阪府立貿易館
	8. 1～ 8.16	第11回オリンピック・ベルリン大会開催		
	9.26～10. 7	市電25周年記念博覧会	東京都	高島屋
	10. 1～10.31	大観艦式記念・少国民海軍博覧会	兵庫県	阪神パーク・浜甲子園
	10. 3～11.15	観艦式記念・神戸博覧会	兵庫県	湊川公園、六甲山
	10.17～11.30	オリンピック博覧会	東京都	上野不忍池（第1会場）、豊島園（第2会場）
	10.—～——	皇軍第1線満州国境警備博覧会	東京都	花月園
	11. 5～——	全国民衆警察博覧会	山梨県	甲府市
	——	中部日本副業博覧会	愛知県	松坂屋
	——	船の大博覧会	東京都	日本橋
	——	国体宣揚博覧会	東京都	上野公園
	——	横浜女性文化博覧会	神奈川県	横浜市
	——	日本婚礼進化博覧会	兵庫県	宝塚新温泉一帯
	——	昭和産業博覧会	——	
	——	支那事変記念大阪産業博覧会	大阪府	
1937年（昭和12年）	1. 4～ 1.17	第1回コドモ博覧会	東京都	高島屋
	3. 2～ 3.14	キモノ博覧会	大阪府	南海高島屋
	3.11～——	汎太平洋平和博覧会協賛・新日本文化博覧会	愛知県	松坂屋
	3.15～ 6.15	汎太博協賛・仏教博覧会	愛知県	覚王山一帯蓮寺城
	3.15～ 5.31	名古屋汎太平洋平和博覧会	愛知県	名古屋臨港地帯
	3.16～ 3.27	別府博覧会	東京都	伊勢丹
	3.22～ 5. 5	土讃線全通記念・南国土佐大博覧会	高知県	鏡川畔
	3.25～ 4.30	国際工業大博覧会	大阪府	
	3.25～ 5.25	大毎フェアランド・日独防共協定記念博覧会	兵庫県	阪急西宮北口
	3.25～ 5.13	国際温泉観光大博覧会	大分県	別府公園

主催者・その他	入場者（人）	概要
東京日日新聞社、大阪毎日新聞社		明治維新70年記念と新議事堂が竣工したのを記念して、日比谷の旧国会議事堂を会場に開催
ライオン歯磨本舗		
日本観光連盟		
大阪府・市、商工会議所、大阪府工芸協会	21,284	工産品製品は価格競争に追われ、概して意匠品質に注意がおろそかになっていたので、その反省も込めての開催
小樽市		「躍進小樽港」の重要性を宣伝し、北海道の産業に一転機を画す目的
大阪日日新聞社		
新愛知社		
名古屋新聞社		
電通		
報知新聞社ほか		日支事変の経緯と新興支那の全貌を一目瞭然として、門外不出の参考品も多数展示し、大パノラマやジオラマ50余場面がつくられた
日本博覧会協会	410,000	最新の新兵器、資材、装備など知らしめ、国民に国防知識を与え、皇軍の奮闘猛撃の戦況を伝える目的で開催
呉市		戦のすべてを一堂に展開して、長期間に備える堅忍不抜の覚悟を強くする意図で開催
甲府市		
京都市		
伊田商工会		
岡山商工会議所		
帝国飛行協会		帝国飛行協会が創立20余年を迎え、航空日本を再認識し、この事変に対する航空報国の結晶を見せようと開催
大阪朝日新聞社	1,500,000	球場全体が疑似体験戦場空間とされ、世界一の大パノラマで「聖戦」を鼓舞
松江市		市制50年と山陰・山陽連絡、木次一落合間鉄道開通を記念して、日本文化発祥地出雲の産業と観光を広く紹介し、国運降昌と産業振興、文化の発揚に寄与することを目的
仙台市		

西暦（元号）	会期（月.日）	名称	開催地	会場
1937年（昭和12年）	4. 1〜 4.17	広告文化博覧会	大阪府	松坂屋
	4. 1〜 5.20	政治博覧会	東京都	旧国会議事堂
	5.12〜 5.23	健康文化博覧会	大阪府	高島屋
	5.—〜 6.—	日本温泉博覧会	東京都	芝公園内赤十字博物館
	6. 5〜 6.18	第3回大阪産業工芸博覧会	大阪府	市立美術館、工業奨励館
	7. 7〜 8.31	北海道大博覧会	北海道	小樽花園公園、海岸埠頭
	7. 7	盧溝橋事件		
	——	支那事変と次の博覧会	大阪府	
	——	婦人子供博覧会	愛知県	
	——	中部日本副業博覧会	愛知県	松坂屋
	——	支那事変記念・岡山産業博覧会	岡山県	
1938年（昭和13年）	1. 3〜——	戦捷コドモ博覧会	東京都	
	1.—〜——	明日の広告博覧会	東京都	上野松坂屋
	3.13〜 4.25	国民精神総動員新興支那博覧会	東京都	両国国技館
	3.25〜 5.31	国民精神総動員国防大博覧会	東京都	上野公園、不忍池畔
	3.25〜 4.23	支那事変博覧会	広島県	呉市二河公園
	3.25〜 5.13	市制50周年記念・全日本産業観光甲府博覧会	山梨県	甲府市
	3.25〜 5.31	春の京都大博覧会	京都府	円山公園、岡崎公園、東山七条、東山一帯
	4. 1〜 4.20	国民精神総動員建国記念大博覧会	福岡県	伊田町
	4. 1〜 5. 5	支那事変と産業博覧会	岡山県	偕楽園
	4. 1〜 5.15	躍進日本航空博覧会	大阪府	京阪ひらかた遊園
	4. 1〜 5.30	支那事変聖戦博覧会	兵庫県	西宮球場および外園
	4. 1	国家総動員法公布		
	4. 5〜 5.29	神国大博覧会	島根県	松江市千鳥城公園、宍道湖畔
	4.10〜 5.11	東北振興大博覧会	宮城県	仙台広瀬河畔
	4.10〜——	支那事変博覧会	富山県	

主催者・その他	入場者（人）	概要
新潟市		時局に鑑み同博は中止と決定
大阪府・市、大阪商工会議所	8,158	
読売新聞社		
日出新聞社		この前年、西宮球場で開かれた聖戦博覧会と同類のもの。参考館に日本国産の最新鋭機をはじめ、皇軍兵器の数々を並べ、事変の認識を深めさせた
北海道庁		
電通、読売新聞社		
熊本商工会議所、熊本商工婦人会		
読売新聞社、厚生省・第一師団・横須賀鎮守府・東京市・横浜市（後援）		
宮崎商工会議所		
読売新聞社		
名古屋新聞社		
夕刊大阪新聞社		
大阪朝日新聞社		「聖戦博」の好評を受け、武漢三鎮攻略の大パノラマなどを展示
		日本陸軍海軍の飛行機や戦車を展示
九州日報社、佐賀毎日新聞社、佐世保新聞社		
九州日報社、佐賀毎日新聞社、佐世保新報社		
佐世保商工会議所		
大分県菓子業界団体		別称は支那事変改名全国菓子品評会。場内に菓子業界出身の支那事変で戦士した将士の英霊が飾られた。これが戦前最後の菓子大博覧会
合同新聞社		

西暦（元号）	会期（月.日）	名称	開催地	会場
1938年（昭和13年）	4.20～ 6.15（中止）	日本海大博覧会	新潟県	信濃川河畔
	5.24～ 6.13	第4回大阪府産業工芸博覧会	大阪府	大阪市立美術館
	7. 1～ 8.31	危機を孕む世界一周博覧会	東京都	両国国技館
	7. 3～ 8.31	支那事変聖戦博覧会	京都府	嵐山
	7.—～——	思想戦博覧会	北海道	札幌市
	8.—～——	国防産業博覧会	東京都	日本橋高島屋
	10. 1～——	武運長久・支那事変と産業博覧会	熊本県	
	10.—～——	輝く聖戦博覧会	東京都	花月園
	11.20～12. 9	支那事変博覧会	宮崎県	
	11.20～——	支那事変博覧会	岐阜県	大垣市
	11.—～——	支那事変博覧会	奈良県	奈良社会会館
	——	日華事変博覧会	兵庫県	西宮球場
	——	中部日本副業博覧会	愛知県	松坂屋
1939年（昭和14年）	3.10～——	支那事変大博覧会	愛媛県	松山市
	3.25～ 4.30	国際工業大博覧会	大阪府	
	3.29～——	興亜建設博覧会	広島県	広島駅前
	3.31～——	戦捷記念・興亜大博覧会	愛知県	名古屋笹島
	4. 1～ 5.31	大東亜建設博覧会	兵庫県	西宮大運動場
	4. 1～ 5.31	輝く郷土部隊武勲博覧会	大阪府	ひらかた遊園
	4. 3～——	興亜聖戦博覧会	佐賀県	唐津市
	4. 8～——	日本精神発揚時局博覧会	広島県	三次市
	4.13～——	聖戦大博覧会	福岡県	
	4.16～——	支那事変博覧会	島根県	松江市
	4.25～ 5.27	佐世保鎮守府開庁50周年記念・支那事変大博覧会	長崎県	佐世保市
	4.—～——	第11回全国菓子大博覧会	大分県	大分市武勲館
	5. 2～——	興亜博覧会	香川県	高松市

主催者・その他	入場者（人）	概要
読売新聞社、陸海軍省後援		事変勃発2周年を機に新東亜秩序建設を呼びかける国策の一環。国技館納涼大会の見せ物としてのダイナミズムをどこまでも貫いた構成
新潟毎日新聞社		
読売新聞社、（後援）北海道庁および樺太庁		
上毛新聞		
日本土産品協会		
読売新聞社		
久留米市		
酒田市		
名古屋新聞社		
日本万国博覧会協会		約50カ国が展示館を建設する予定だった。1938年には博覧会のテーマソングが街に流れ、抽選つき回数入場券も売り出された。明治からの宿願だったが、大戦勃発で中止
東京日日新聞社、日本技術協会		
紀元2600年宮崎県奉祝会		神武天皇上陸地と伝えられる枚方に肇国の聖地、日向の全貌を豪華なパノラマで構成。行楽を兼ねて1日で日向へ参拝をした感を与えた
仙台商工会議所		戦局が日増しに緊迫するなか、国民に軍事意識を高めるために開催
読売新聞社		
京城日報社	710,000	
日刊工業新聞社	1,000,000	

西暦（元号）	会期（月.日）	名称	開催地	会場
1939年（昭和14年）	7. 2～ 8.31	世界の黎明・大亜細亜博覧会	東京都	両国国技館
	7. 2～ 9.10	新東亜建設記念博覧会	新潟県	
	7.30～――	聖戦興亜博覧会	北海道	旭川市
	7.―～ 7.―	北海道・樺太大博覧会	東京都	花月園
	10. 1～11. 9	聖戦興亜大博覧会	群馬県	第一会場・県庁前通り、第二会場・群馬会館
	10. 8～――	第1回東洋土産品博覧会	京都府	京都大丸
	10.―～――	戦時博覧会	東京都	花月園
	――	戦車大博覧会	東京都	靖国神社
	――	産業と国防博覧会	福岡県	久留米市
	――	酒田産業大博覧会	山形県	
1940年（昭和15年）	2. 1～――	紀元2600年記念・聖戦大博覧会	埼玉県	熊谷市
	2.11～ 5.30	紀元2600年記念日本大博覧会	三重県	宇治山田市
	3.15～ 8.31（予定）	紀元2600年記念・日本万国博覧会（幻の日本万博）	東京都・神奈川県	東京月島埋め立て地、横浜山下公園
	3.15～――	興亜逓信博覧会	香川県	高松市
	3.15～――	日本建国博覧会	岐阜県	
	3.20～ 4.20	紀元2600年記念・輝く技術博覧会	東京都	上野公園 不忍池畔
	3.20～――	聖戦興亜大博覧会	栃木県	宇都宮市
	3.21～――	紀元2600年記念・建国博覧会	岡山県	
	3.21～ 5.31	紀元2600年に輝く肇国聖地日向博覧会	大阪府	ひらかた遊園
	4.12～――	興亜建設博覧会	山口県	
	4.20～ 5.30	興亜時局博覧会	宮城県	仙台市西公園
	4.20～――	日本建国軍事博覧会	福井県	
	4.24～――	日本精神博覧会	愛知県	昭和
	5.―～――	輝く日本大博覧会	東京都	花月園
	9. 1～10. 2	紀元2600年・始政30周年記念・朝鮮大博覧会	京城	京城東大門清涼里（朝鮮）
	9.20～――	戦時工業総力博覧会	東京都	上野公園
	9.27	日独伊三国軍事同盟		

主催者・その他	入場者（人）	概要
大阪朝日新聞社、大日本飛行協会、大阪電気軌道	2,500,000	紀元2600年記念・航空創始30年記念として、大日本飛行協会の行事として開催。花火や音響を交えた実戦さながらの大戦場パノラマは大好評だった
読売新聞社		
名古屋新聞社		
大日本飛行協会・読売新聞社		航空に関する基本的・科学的知識の普及と防空思想の徹底のため開催
大日本飛行協会、読売新聞社		
科学動員協会、日刊工業新聞社	1,000,000	国防・工業・科学と戦争との相互関係を明らかにし、科学振興の重要性の認識を与える目的
関門日日新聞社		
高田市観光協会	222,615	高度国防国家完遂を訴える目的。世界大戦パノラマ館が人気
名古屋新聞社		
読売新聞社		東条英機・山本五十六の伝記を示したパノラマ4景（2号館）など
華北宣伝連盟天津支部	500,000	
満州新聞社、満州日日新聞社、康徳新聞社	850,000	
西日本新聞社		大東亜戦争を戦い抜く姿を表した博覧会。北辺警備から南方攻略まで、戦史を飾る幾多の激戦地をパノラマやジオラマで再現
大東亜戦争博覧会委員会	600,000	南方戦線での日本軍進攻を誇示するために開かれた博覧会
中部司令部、大阪府、兵庫県、大阪毎日新聞社		本土空襲が急を告げる時期にあたり、工場防空、家庭防空の知識を高めようと開催した敗戦直前の軍事啓蒙博覧会
満州新聞社	610,000	
大邱日日新聞社		第2次世界大戦が緊迫し戦況悪化、軍部は朝鮮にまで徴兵制度を敷き、その啓蒙促進のために開いた断末魔の博覧会
博多市		

参考文献：橋爪紳也／中谷作次『博覧会見物』（学芸出版社、1990年）、橋爪紳也監修『日本の博覧会――寺下勍コレクション』（〔別冊太陽〕、平凡社、2005年）、乃村工藝社「博覧会資料 COLLECTION」（http://www.nomurakougei.co.jp/expo/）

西暦（元号）	会期（月.日）	名称	開催地	会場
1940年（昭和15年）	9.28～11.15	航空博覧会（航空日本大展観）	奈良県	あやめ池遊園、生駒山上
	10. 5～12. 5	日向建国博覧会	宮崎県	宮崎商工会議所
	10.—～11.—	躍進航空博覧会	東京都	花月園
	11.10	紀元2600年式典挙行		
	——	中部日本副業博覧会	愛知県	松坂屋
1941年（昭和16年）	3.20～ 6.20	航空博覧会	東京都	多摩川園（丸子）、よみうり遊園（二子）、よみうり飛行場
	3.20～——	航空博覧会	兵庫県	宝塚
	4. 1～ 5.31	国防科学大博覧会	兵庫県	西宮球場および外園、宝塚新温泉
	4. 3～ 5.12	関門トンネル建設記念・大政翼賛興亜聖業博覧会	山口県	下関彦島埋め立て地
	4.10～ 5.10	高田市・興亜国防大博覧会	新潟県	角田旧騎兵跡覆馬場
	7.25～ 8.28	酒田興亜国防大博覧会	山形県	日和山公園
	12. 8	真珠湾攻撃		
	——	中部日本副業博覧会	愛知県	松坂屋
1942年（昭和17年）	3.20～ 5.31	輝く大東亜博覧会	東京都	多摩川よみうり遊園
	6. 5	ミッドウェー海戦		
	8. 1～ 9.10	大東亜博覧会	満州	天津北端寧園
	8.12～ 9.30	満州国建国10周年記念・大東亜建設大博覧会	満州	新京大同公園
	9.24～——	大東亜建設博覧会	福岡県	福岡市百道海岸
	11. 1～11.30	大東亜戦争博覧会（南京玄武湖博）	南京	玄武洞翠州
	——	太平洋大博覧会	——	
1943年（昭和18年）	4.15～ 5.31	決戦防空博覧会	兵庫県	西宮球場および外園
	8. 1～ 9.20	大東亜戦争完遂満洲博覧会	満州	ハルピン道理公園、松花江河畔
	10. 1～11. 5	大東亜戦争完遂徴兵制制定実施記念・興亜大博覧会	朝鮮	慶尚北道大邱府
1944年（昭和19年）	——	大東亜建設博覧会	福岡県	博多市

［著者略歴］
大平奈緒子（おおひら・なおこ）
1983年生まれ、学習院大学大学院在籍
論文に「津田青楓の図案の変遷」（「大正イマジュリィ」第10号）など

山田俊幸（やまだ・としゆき）
1947年生まれ、帝塚山学院大学教授
著書に『アンティーク絵はがきの誘惑』（産経新聞出版）、編著書に『年賀絵はがきグラフィティ』（青弓社）、共編著に『小林かいちの世界』（国書刊行会）、ほか多数

井並林太郎（いなみ・りんたろう）
1988年生まれ、京都国立博物館企画室研究員
論文に「京都国立博物館蔵《餓鬼草紙》の位置づけについて」（「美術史」第180号）など

福間良明（ふくま・よしあき）
1969年生まれ、立命館大学教授
著書に『「戦跡」の戦後史』（岩波書店）、『「聖戦」の残像』（人文書院）、『殉国と反逆』（青弓社）、ほか多数

石田あゆう（いしだ・あゆう）
1973年生まれ、桃山学院大学准教授
著書に『戦時婦人雑誌の広告メディア論』（青弓社）、『ミッチー・ブーム』（文藝春秋）、ほか多数

天内大樹（あまない・だいき）
1980年生まれ、静岡文化芸術大学講師
共著に『ディスポジション』（現代企画室）、訳書にジョルダン・サンド『帝国日本の生活空間』（岩波書店）、論文に「分離派建築会結成の理論的背景」（「美学」第57巻第4号）など

熊倉一紗（くまくら・かずさ）
1977年生まれ、京都造形芸術大学非常勤講師
著書に『明治・大正の広告メディア』（吉川弘文館）、論文に「ヤング・ニッポンの尖端」（「文化学年報」第62号）、「正月用引札のサバイバル」（「美術フォーラム21」第27号）など

千住 一（せんじゅ・はじめ）
1976年生まれ、立教大学准教授
共著に『観光学ガイドブック』（ナカニシヤ出版）、『観光社会学のアクチュアリティ』（晃洋書房）、ほか多数

安田政彦（やすだ・まさひこ）
1958年生まれ、帝塚山学院大学教授
著書に『災害復興の日本史』『平安京のニオイ』『平安時代皇親の研究』（いずれも吉川弘文館）など

[編著者略歴]
高橋千晶（たかはし・ちあき）
1973年生まれ、京都文教大学講師
共訳書にジル・モラ『写真のキーワード』（昭和堂）、論文に「日本近代写真のグローバリゼーション」（「美術フォーラム21」第32号）、「メディアのなかの「家族写真」」（「美学芸術学」第30号）など

前川志織（まえかわ・しおり）
1976年生まれ、京都工芸繊維大学美術工芸資料館職員
論文に「都市新中間層にとっての「でろり」」（「美学」第58巻第3号）、「「複製」としての麗子像」（『生誕120周年記念岸田劉生展』）など

博覧会絵《はくらんかいえ》はがきとその時代《じだい》

発行――――2016年10月21日　第1刷
定価――――2000円＋税
編著者―――高橋千晶／前川志織
発行者―――矢野恵二
発行所―――株式会社青弓社
〒101-0061 東京都千代田区三崎町3-3-4
電話 03-3265-8548（代）
http://www.seikyusha.co.jp
印刷所―――三松堂
製本所―――三松堂

ISBN978-4-7872-2067-7 C0021